Marie L. Shedlock

El arte de contar cuentos

EDICIONES OBELISCO

Si este libro le ha interesado y desea que le mantengamos informado
de nuestras publicaciones, escríbanos indicándonos qué temas son de su interés
(Astrología, Autoayuda, Ciencias Ocultas, Artes Marciales, Naturismo,
Espiritualidad, Tradición…) y gustosamente le complaceremos.

Puede consultar nuestro catálogo en www.edicionesobelisco.com

Colección Psicología
El arte de contar cuentos
Marie L. Shedlock

1.ª edición: mayo de 2017

Título original: *The Art of the Story-Teller*

Traducción: *Pilar Guerrero*
Maquetación: *Compaginem, S. L.*
Corrección: *M.ª Ángeles Olivera*
Diseño de cubierta: *Enrique Iborra*

Edita: Ediciones Obelisco, S. L.
Collita, 23-25. Pol. Ind. Molí de la Bastida
08191 Rubí - Barcelona - España
Tel. 93 309 85 25 - Fax 93 309 85 23
E-mail: info@edicionesobelisco.com

ISBN: 978-84-9111-219-8
Depósito Legal: B-9.269-2017

Printed in Spain

Impreso en España en los talleres gráficos de Romanyà/Valls S.A.
Verdaguer, 1 - 08786 Capellades (Barcelona)

PREFACIO

Algún día tendremos una docencia comparable a la medicina, pero incluso cuando llegue ese día, el *arte de la educación continuará siendo la inspiración y la guía de todo buen maestro.* Se delimitarán las leyes que rigen nuestro desarrollo físico y mental; sin embargo, los impulsos que empujan a cada nueva generación a actuar a su manera para adoptar lo mejor de la vida seguirán siendo interpretados por nosotros a través de artistas que, con el paso del tiempo, no hayan perdido la visión de las cosas propia de los niños.

Hace algunos años, escuché a la señorita Shedlock contar cuentos en Inglaterra. Su agudo sentido de los valores literarios y dramáticos, su poder interpretativo (siempre restringido a los límites del arte que estaba empleando) y su comprensión de los valores educativos basados en su amplia experiencia como docente hacían de ella una artista narrando historias. También se sentía cómoda interpretando esa mezcla sutil de ingenio y sabiduría en Daudet, la filosofía popular de Grimm o el pensamiento profundo y el conmovedor encanto de Hans Christian Andersen.

Luego se trasladó a Estados Unidos y, durante dos o tres años, nos enseñó la diferencia que existía entre el ruiseñor que canta en las copas de los árboles y el pájaro artificial al que hay que darle cuerda para que funcione. Ciudades como Nueva York, Boston, Pittsburgh y Chicago leyeron y escucharon, indistintamente, las notas de un reclamo universal, y los niños vieron cómo las *Mil y una noches* se hacían realidad.

Para complacer las peticiones de sus amigos estadounidenses e ingleses, la señorita Shedlock reunió, en este pequeño libro, observaciones y sugerencias sobre el arte de contar cuentos que pueden transmitirse con palabras. Los que tienen alma de artista encontrarán indicaciones muy valiosas en sus palabras y podrán alejarse de los errores en los que, hasta los más grandes artistas pueden caer. Incluso aquellos que se inventan los cuentos hallarán en estas páginas sabias indicaciones y sugerencias, fruto de la vasta experiencia y amplios conocimientos, que pueden conseguir que la canción de un ruiseñor artificial parezca menos mecánica. Para los versados en el tema, este libro es una revelación de la íntima relación entre los instintos infantiles y el arte de la presentación dramática. Los que nada saben encontrarán el eco de la realidad.

EARL BARNES

INTRODUCCIÓN

El arte de contar cuentos es uno de los más antiguos del mundo y la primera forma consciente de comunicación literaria. En Oriente todavía perdura, y no es extraño encontrar grupos de gente, reunidos en una esquina de la calle, por el simple placer de escuchar un relato. En Occidente hay indicios que sugieren un interés creciente por este arte ancestral y puede que vivamos lo bastante para poder presenciar el retorno de trovadores y juglares, cuyo encanto rivalizará con el del orador callejero o el político en campaña. Uno de los signos más claros de la fe que tenemos en el poder educativo de los cuentos es su inclusión en el currículum de las universidades, así como en las clases de enseñanza primaria y secundaria. Éstos se corresponden con el momento preciso en que la imaginación es más viva, la mente aún no está repleta de datos y los cuentos producen sensaciones más intensas y se retienen para siempre.

Es de esperar que, algún día, en las escuelas se encarguen de narrar cuentos sólo personas expertas que dispongan de la formación precisa en este arte. Es una falacia suponer que el estudio sistemático de la narración de cuentos destruye la espontaneidad en su exposición. Tras una larga experiencia, he descubierto que, en realidad, ocurre todo lo contrario, es decir, sólo cuando se han superado las dificultades mecánicas, nos podemos dejar llevar por el interés dramático de la historia.

Cuando hablo de un cuentacuentos experto no me refiero a un orador profesional. Es posible que la propia denominación (cuentacuentos, cuentista, narrador de cuentos…) se asocie de manera errónea a esa gente que se golpea el pecho, que se tira del pelo y anuncia episodios apocalípticos en voz alta. Hace más de diez años, había gente de este tipo, rapsodas de salón que acabaron convirtiéndose en la pesadilla de la vida social. La diferencia que existe entre este recitador afectado y el simple contador de cuentos queda, probablemente, muy bien reflejada en la inmortal *Historia del ruiseñor* de Hans Christian Andersen. El emperador dio órdenes para que el ruiseñor de verdad y el artificial uniesen sus fuerzas e interpretasen una canción a dúo ante la corte. Pero la actuación resultó desastrosa, porque mientras el ruiseñor mecánico interpretaba por trigésima tercera vez su solo, el ruiseñor de verdad se escapó por la ventana y regresó al bosque (un auténtico artista busca, de manera instintiva, el ambiente más adecuado para actuar). Sin embargo, el director de la banda (símbolo del pedagogo pomposo), al intentar suavizar los sentimientos ultrajados de los cortesanos, afirma: «Ya ven, damas y caballeros, y por encima de todos su Majestad Imperial, con el ruiseñor verdadero uno no sabe nunca lo que va a escuchar, pero con el artificial todo está fijado de antemano. Así es y así debe ser. Y no puede ser de otra forma».

Como en el caso de los dos ruiseñores, entre el narrador afectado y el simple contador de cuentos ocurre lo mismo: el primero se preocupa de mostrar la mecánica, luce «cómo suena la canción», mientras el otro intenta que el verdadero arte pase desapercibido. La sencillez es la clave para contar cuentos, pero (y aquí es donde falla la comparación con el ruiseñor) dicha sencillez se consigue tras una ardua preparación y un buen autocontrol, mediante un duro trabajo para superar las dificultades que conlleva la presentación.

Con esto no quiero decir que no existan narradores innatos, capaces de mantener la más completa atención de un auditorio sin preparación alguna, pero se trata de una minoría tan escasa que podemos ignorarlos en estas consideraciones generales, dado que la presente obra está dirigida al tipo de narrador habitual, al que ansía dar el mejor uso posible a sus habilidades dramáticas y es, a éste, al que rogaría que se formase de manera concienzuda antes de contar un cuento a un grupo de niños si lo que quiere es, evidentemente, conseguir los sorprendentes efectos de los que hablaré más adelante. La formación a la que me refiero debe ser de naturaleza mucho menos estereotipada que la que reciben los narradores ordinarios en su oficio. Hace algunos años, cuando estaba en Estados Unidos, me pidieron que preparase algunas conferencias con mis puntos de vista relativos al valor educativo de la narración de cuentos. De repente, me sentí inspirada. Empecé a albergar el sueño de pasar muchas horas en el Museo Británico, en la Biblioteca del Congreso de Washington y en la Biblioteca Pública de Boston (ésta es la única parte del sueño que se ha cumplido). Planifiqué un elaborado esquema de investigación que acabó siendo un magnífico tratado filológico (por no decir directamente rancio). Pensé que intentaría descubrir, mediante largas y pacientes investigaciones, qué tipo de nanas cantaban las madres egipcias a sus bebés y qué poemas infantiles estaban de moda entre las niñeras asirias, que quizás sirvieran de prototipo para «Little Jack Horner», «Dickory, Dickory, Dock» y demás clásicos de guardería.

Pretendía completar el estudio de estos antiguos documentos mediante un anexo de variantes modernas mostrando los progresos, si los hay, que han conseguido las naciones actuales.

Pero un día recordé, de manera inesperada, una escena de *Plaideurs* de Racine, en la que el abogado defensor, ansioso por presumir de sus conocimientos, inicia un discurso de la siguiente manera: «Antes de la Creación del Mundo...», y entonces el juez (con cierto aburrimiento aderezado con un poco de humor) sugiere: «Pasemos directamente al Diluvio Universal». Por eso mismo yo también «he pasado directamente al Diluvio». He abandonado el estudio sobre el origen y el pasado de los cuentos, que, a lo sumo, lo único que habría conseguido es poner de manifiesto un compendio de conocimientos pomposos adquiridos hace poco tiempo. Cuando pienso en la cantidad de estudiosos que podrían abordar este tema muchísimo mejor que yo, me doy cuenta de que lo sensato es (aunque pueda resultar más tedioso) trabajar con las posibilidades actuales que la narración de cuentos ofrece a nuestra generación de padres y maestros.

Mis objetivos al recomendar el uso de los cuentos en la educación infantil son, como mínimo, cinco:

Transmitirles el gusto por lo dramático, para el que tienen una inclinación natural; desarrollar en ellos el sentido del humor, que en realidad se trata del sentido de la proporción; corregir ciertas tendencias mostrándoles sus consecuencias con el ejemplo del héroe del cuento (los niños suelen ser bastante inconscientes en este tema y no debe hacerse énfasis didáctico); presentarles, siempre en forma de ejemplo y no de precepto, los ideales que tarde o temprano se transformarán en acciones y, por último, contribuir al desarrollo de su imaginación que, en realidad, incluye todo lo anterior.

Pero el arte de contar cuentos no se dirige tan sólo al ámbito educativo ni a los padres, en tanto que progenitores, sino también a un público más amplio e interesado en este tema desde un punto de vista humano.

En contraste con el fabuloso objetivo que me había propuesto en un principio, ahora simplemente presento, al que esté interesado en el arte de la narración, las experiencias prácticas que he adquirido durante mis viajes por Estados Unidos e Inglaterra.

Espero que mis lectores saquen partido de mis errores, mejoren mis métodos y contribuyan, así, a lograr el resurgimiento de un arte casi perdido.

En la obra *Defensa de la poesía* de sir Philip Sydney encontramos las siguientes palabras: «En verdad, he llegado a vosotros con un cuento que ha hecho que los niños dejen de jugar y ha alejado a los ancianos del rincón de la chimenea, y no he pretendido otra cosa que apartar la mente de la maldad y acercarla a la virtud, aunque a menudo se procure que los niños tomen las mejores cosas ocultándolas con otras que tengan mejor sabor».

MARIE L. SHEDLOCK, LONDRES

PRIMERA PARTE

CAPÍTULO 1

LAS DIFICULTADES DEL CUENTO

En este capítulo trataré sobre los problemas y peligros que dificultan el camino del cuentacuentos, porque hasta que no los hayamos superado, no podremos ofrecer el valor completo de la historia.

A pesar de que existen muchas dificultades, éstas no deben desalentar a los futuros cuentacuentos, sino que deben demostrarles lo importante que es una formación rigurosa para poder contar un cuento y conseguir el efecto deseado.

Ilustraré estas ideas mediante ejemplos concretos, de forma que sirvan a un doble propósito: fijar de forma clara el tema en la mente del estudiante y utilizar el arte de contar cuentos para explicarse a sí mismo.

He escogido dos o tres ejemplos de mi experiencia personal. Los graves errores que he cometido en mis propias carnes pueden servir de advertencia para otras personas, aunque la propia experiencia es siempre el mejor maestro. Desde el punto de vista positivo, tarde o temprano cada cual encuentra su propio método; desde el negativo, sin embargo, es útil que nos avisen de ciertas trampas para que podamos evitarlas sin perder tiempo. Por esta razón me gustaría llamar la atención en determinados puntos.

- Existe el peligro de *caer en aspectos secundarios*. El narrador inexperto está expuesto a la tentación de desviarse del interés dramático principal en una breve historia emocionante para introducir

> un aspecto secundario, que, a menudo, es también interesante y útil, pero que debe dejarse para una historia que sea más larga y menos dramática. Si el interés se focaliza en un momento concreto, la acción debe ser rápida e ininterrumpida, porque, de otro modo, perderá el efecto pretendido.

Estuve narrando la historia de Ulises y Polifemo en una clase infantil y, justo en el momento más emocionante de la narración, sentí el impulso (para el que no encuentro ninguna justificación) de pasar a una cuestión tan secundaria como es el aspecto de Ulises.

Los niños estaban visiblemente aburridos, pero escuchaban, con educada indiferencia, mi elaborada descripción del héroe. Si les hubiese explicado la auténtica descripción de Homero, creo que la fuerza de su lenguaje hubiese sido suficiente para atraer su atención (también es posible que prestaran más atención, porque, de hecho, no pudieran comprender el significado de sus palabras) y su decepción habría sido menor al posponer el hecho dramático. Pero confié más de la cuenta en mis débiles poderes verbales y fallé estrepitosamente. La atención se desvaneció, surgió cierto nerviosismo y el ambiente se enrareció con rapidez a pesar de la paciencia y la tolerancia que mostraban los niños. Al final, sin embargo, una niña que estaba sentada en la primera fila dijo, actuando como portavoz de la clase: «Por favor, antes de seguir, ¿le importaría decirnos si, al final, el tal Poli... (breve pausa)... ese... (nuevo intento) *Polifantus* muere o qué?».

En la actualidad, el recuerdo de esa pregunta me resulta bastante útil en mi carrera como cuentacuentos. He entendido que, en un cuento breve, es importante tranquilizar la mente de los oyentes en relación con el destino final del «Polifantus» que sea, que es el que ocupa el centro de la acción.

Recuerdo, también, la desesperación de un niño en la representación dramática de *Caperucita Roja,* cuando la pequeña protagonista retrasó el apasionante drama final con el lobo, cuando se detiene en el bosque a cantar una canción: «Pero ¿por qué no continúa andando?», decía el pequeño. Yo también compartía su impaciencia.

Esta advertencia es necesaria sólo con respecto a los cuentos breves. En ocasiones, nos podemos permitir el lujo de ofrecer descripciones concisas en nombre del estilo literario y con el propósito principal de ampliar el vocabulario del niño. He descubierto, no obstante, que en esos casos es bueno confesar a los niños que no deben esperar ningún episodio particularmente emocionante, para que se imbuyan en el tema con una mente más abierta (aunque en su ánimo se pueda advertir un toque de resignación) ante la descripción que se les va a presentar.

- *Alterar el cuento con motivo de alguna ocasión especial* en algunas ocasiones suele ser culpa de exceso de celo, y en otras, por pura ignorancia en relación a los niños. Se les quiere proteger de un conocimiento que ya poseen y, como son conscientes de ello, pueden perder la paciencia con el narrador. Recuerdo cierta ocasión en la que estaba narrando la historia de la guerra de Troya a unos niños bastante pequeños y me puse nerviosa, de repente, por temor a que el rapto de Helena no fuese lo apropiado para la edad de esos pequeños, que tendrían unos nueve años. De este modo, realicé una adaptación casera y presenté una conversación imaginaria entre Helena y Paris en la que éste trataba de convencerla de que era una mujer demasiado independiente para una sociedad tan machista como la de Esparta, y de que debería viajar con él y visitar algunas instituciones del mundo, lo que resultaría, sin duda alguna, un viaje muy instructivo para ambos.[1] Luego introduje el punto de vista de Heródoto, que creía que Helena nunca regresó a Troya, sino que quedó retenida en Egipto. Los niños estaban muy emocionados con la historia y respondieron con impaciencia cuando, desde mi inexperiencia, los invité a que hicieran una redacción para el día siguiente con la historia que les acababa de contar. Una niña me presentó, como podremos ver ahora, el problema ético del que había intentado protegerla de manera tan laboriosa. Su redacción decía lo siguiente:

Érase una vez, hace mucho tiempo, el hijo del rey de Troya que se llamaba Paris. Y se fue de viaje a *Grezia* para ver cómo era.

1. Creo recordar (después de tantos años) que mi lenguaje al contar la historia era mucho más simple que el que aparece en este resumen.

Y allí vio a la guapa Helena y también a su marido *Meneao*. Y un día, *Meneao* se fue a cazar y dejó a Helena y a Paris solos y claro, Paris le dijo: ¿No te *avurres* en este *palacio*?[2] Y Helena le dijo: Sí, me *havurro* mucho en este *palacio.* Y Paris le dijo: Vente conmigo a ver el mundo. Así que se *escaparon* juntos y fueron a ver al rey de Egipto y les dijo: ¿Quién es esta chica? Y Paris se lo contó todo. Pero el rey dijo: No está *vien* escaparse con la *muger* de otro. Helena se quedará aquí y tú te vas solo. Paris tuvo una pataleta. Cuando *Meneao* volvió a casa también tuvo una pataleta y reunió a todos sus soldados y rodearon Troya durante once años.

Al final pensó que no servía de nada estar así tanto tiempo, por lo que construyeron un caballo de madera en memoria de Helena y de los troyanos y volvieron a su casa.

El error que cometí en mi forma de presentar la historia fue conceder demasiada importancia al motivo de la fuga, que, en realidad, llamó la atención mucho más de lo aconsejable, teniendo en cuenta la edad de mi público, y, evidentemente, creó confusión en las mentes de algunos niños que ya conocían la historia bajo una forma más fiel al texto original.

Durante mis viajes por Estados Unidos, encontré un anexo encantador para esta historia. Estaba contándoles a la señorita Longfellow y a su hermana una versión para niños pequeños de la guerra de Troya, cuando la señora Thorpe hizo el siguiente comentario que, por su particular sentido del humor americano, le confiere más valor:

Nunca antes me había dado cuenta de lo felices que habrían sido los griegos si se hubiesen podido sentar, aunque sea dentro del caballo de madera, en vez de permanecer once años de pie.

- *El peligro de introducir palabras que no son familiares* es el caso contrario al que acabo de hacer mención. Consiste en dar por sentado que los niños conocen el significado de ciertas palabras sobre las que recae algún aspecto importante de la historia. No

2. La diferencia de ortografía para una misma palabra, en la redacción, muestra cómo los niños ofrecen alternativas ortográficas esperando acertar con una u otra forma.

debemos introducir, sin una breve explicación previa, ninguna palabra que no se comprenda del todo, porque podría alterar por completo la situación que estamos presentando.

Una vez me comprometí a contar unos cuentos ante un público de campesinos irlandeses, y debo aclarar que, aunque mis numerosos viajes me han permitido entrar en contacto con casi todos los tipos de audiencia, nunca he encontrado ninguna en la que la atmósfera estuviese tan «premeditada» como en aquella ocasión con los campesinos irlandeses. Hablarles, especialmente en lo que respecta a los cuentos de hadas, es como tocar la delicada arpa: la respuesta es muy rápida y la simpatía, penetrante. Es evidente que el tema de los cuentos de hadas les resulta muy familiar y que forma parte de su vida cotidiana. Tienen un sentimiento de auténtico respeto por las hadas, que, en ciertas zonas de Irlanda, llega a ser muy profundo.

En esta ocasión en particular, un artista amigo mío, que me había prometido cantar algunas canciones entre una historia y otra, me advirtió de que los oyentes serían de edades muy dispares y casi analfabetos. Muchos de los hombres y mujeres más ancianos, que no sabían ni leer ni escribir, nunca habían salido de los pueblos donde habían nacido. Me aconsejó que utilizase un lenguaje simple y que explicase los términos más complejos que pudiesen aparecer en la historia india que había escogido para aquella sesión, que se llamaba *El tigre, el chacal y el brahmán,* sabiendo que los más ancianos no habían visto, jamás, esos animales salvajes. Entonces, empecé a contar el cuento y mencioné a un búfalo. A pesar de la advertencia que me habían hecho, me pareció imposible pensar que los oyentes no conociesen a este animal y, por tanto, proseguí con la oración que contenía esta palabra y que terminaba así:

> Y entonces el brahmán encontró a un viejo búfalo que hacía girar una rueda.

Al día siguiente, mientras daba un paseo por el pueblo, entablé conversación con una niña de trece años que había asistido a mi narración del día anterior y que comenzó al instante a repetir con sus propias palabras el cuento indio que les había narrado. Cuando llegó a la oración que he mencionado, me quedé atónita al escuchar su versión, que era algo así: «... y el sacerdote se encontró con otro viejo que iba empujando una carretilla». La interrumpí de inmediato porque no era capaz de identificar la oración como parte del cuento que les había contado y le pregunté hasta que descubrí que, evidentemente, había interpretado la palabra búfalo como un «buffer» llamado «Lo», pensando que se trataba, tal vez, de una costumbre india de llamar a los ancianos y que, aunque para un irlandés fuese de muy mala educación, trató con respeto lo que consideró una costumbre extrajera. Luego, al no conocer ninguna rueda más familiar que la que va unida a una carretilla, la joven narradora completó la imagen en su cabeza, de manera que todo casase, pero, hay que admitirlo, perdiendo algo del ambiente indio que yo había tratado de exponer.

- *El peligro de pedir la colaboración de la clase mediante preguntas* es más grave para el maestro que para el niño, quien no disfruta en absoluto con el proceso y presenta una disposición nefasta a responder cualquier cosa siempre que implique participar en la conversación. Si pudiésemos contar con que, de algún modo, los niños dieron el tipo de respuesta que esperamos, todo iría bien y el peligro sería mínimo; pero la realidad es que los niños tienen la constante manía de frustrar nuestras esperanzas y llevarnos por caminos desde los que no siempre resulta fácil encontrar la ruta principal sin reacciones negativas. Como ejemplo, citaré un pasaje de *La locura de Philip,* de Josephine Daskam Bacon, que es un ensayo verdaderamente encantador sobre la psicología infantil con forma lúdica y entretenida.

La escena tiene lugar en una guardería en la que una osada visitante se ha comprometido a contar un cuento, improvisadamente, a un grupo de niños moviditos.

Comienza su narración del siguiente modo:

—Ayer, niños, cuando salía de casa, ¿qué creéis que vi?

La sorpresa, ocultada con mucho trabajo, que les propuso podía ser tan obvia que Marantha se levantó al instante y respondió:

—¡Un elefante!
—No ¿por qué iba a encontrarme un elefante en la puerta de mi casa? No era tan grande, era algo más pequeño.
—¡Un pez! –se atrevió a sugerir Eddie Brown justo en el momento en el que su mirada se dirigía al acuario que había en la esquina. La narradora sonrió pacientemente.
—¡Que no! ¿Cómo iba a estar vivo un pez delante de mi casa?
—Entonces sería un pez muerto –respondió Eddie.
Ese niño nunca renunciaba de manera voluntaria a ninguna de sus ideas.
—Nooo. Era un gatito –respondió con firmeza la narradora. Era un gatito blanco. Estaba al lado de un gran charco de agua. Y ¿qué otra cosa creéis que vi?
—¡Otro gatito! –sugirió Marantha machaconamente.
—No, no. Era un enorme perro de Terranova que miraba al gatito que estaba al lado del charco. Como sabéis, a los gatitos no les gusta el agua ¿verdad? ¿Qué es lo que les gusta a los gatitos?
—Los ratones –dijo Joseph Zukoffsky secamente.
—Bueno, sí, vale, pero en la puerta de mi casa no hay ratones. Estoy segura de que sabéis lo que digo. Si no les gusta *el agua* ¿qué es lo que les gusta?
—¡La leche! –gritó Sarah con seguridad.
—Les gustan los lugares secos, respondió la señora R. B. Smith. Y ¿qué creéis que hizo el perro?

Tantos fallos sucesivos desaniman a los oyentes o puede que tantas opciones posibles acabasen por marearlos. Fuera lo que fuese, ya no contestaron una sola palabra más.

—¿Nadie sabe lo que hizo el perro? –insistía la narradora tratando de animarlos de nuevo. ¿Qué haríais vosotros si vieseis un gatito así?
Y Philip señaló macabramente:

—Tirarle de la cola.

—¿Qué pensáis los demás? Espero que no seáis tan crueles como este niño.

Los celos por compartir el éxito de Philip favorecieron una respuesta conjunta:

—¡Yo también le tiraría de la cola!

La razón por la que este cuento fracasó fue la incapacidad para obtener una respuesta real por parte de los niños, en parte debido a la vaguedad de las preguntas y, en parte, porque, al no haber un tiempo de reflexión, los niños decían lo primero que se les ocurría, aunque las respuestas no tuviesen ni pies ni cabeza.

No soy capaz de imaginar peor método en la enseñanza que se imparte en las guarderías. Si la señora R. B. Smith hubiese existido realmente y no fuese un personaje inventado, ésta hubiese sido, con total seguridad, su primera y última aparición como cuentacuentos en esa institución educativa.

- *La dificultad para captar el efecto que produce un cuento en el público* deriva de la falta de observación y de experiencia. Es justo la ausencia de todo esto la que conduce a la adopción de métodos como el que acabo de presentar. Debemos entender que la falta de expresión en las caras del público, así como de cualquier tipo de respuesta externa, no siempre indican falta de interés o de atención. A veces existe un interés real, subyacente, aunque no se pueda o no se quiera manifestar exteriormente, y dicho interés se mantiene oculto de manera deliberada para protegerse de posibles preguntas que se pudieran formular al respecto.

- *El peligro de ilustrar en exceso*. Tras muchos años de experiencia y reflexión sobre el efecto que se produce en los niños cuando se les muestra imágenes durante las narraciones, he llegado a la conclusión de que no sirve de nada intentar llamar la atención del ojo y del oído al mismo tiempo y, en general, los acaba distrayendo. La concentración en un solo canal de comunicación atrae y mantiene la atención por completo. Tuve la oportunidad de confirmar esta teoría la primera vez que me dirigí a un grupo de invidentes[3] y vi la atención con la que me escuchaban y lo fácil que les resultaba porque estaban «completamente aislados de cualquier otro estímulo exterior».

En ocasiones he sugerido a profesores con poca experiencia dos experimentos para apoyar esta teoría. No son experimentos prácticos ni se podrían repetir con el mismo público, pero son muy interesantes y sirven para comprobar el efecto real que atrae a cada sentido en ocasiones concretas. El primero consiste en tener un grupito de niños y sugerirles que cierren los ojos mientras se les cuenta un cuento. Entonces se aprecia cuánta atención prestan a la entonación y a la inflexión de la voz. La razón por la que esto ocurre es obvia: si no hay nada que distraiga su atención, se concentran en lo único que se les ofrece, el sonido, para poder experimentar el efecto dramático de la historia.

Encontramos un ejemplo del poder de la voz para apelar a la imaginación en uno de los homenajes que un antiguo alumno le rindió a Thomas Edward Brown, director del Clifton College:

> Mi recuerdo más antiguo es que su enseñanza era la más intensa que jamás he recibido, con puntos de vista amplios y una fuerza de presentación poética, casi apasionada. Estábamos leyendo la *Historia de Froude* y jamás podré olvidar que las palabras de Brown, su voz, no la de cualquier historiador, fueron las que me hicieron comprender la labor democrática que llevaron a cabo los monasterios en Inglaterra; las imágenes se hacían realidad en su boca.

Y en otro pasaje:

> Todo ello expuesto con un dramatismo de tal fuerza y adornado con una voz tan espléndida que dejó en mi mente una impresión indeleble.[4]

3. En la Biblioteca del Congreso, en Washington.
4. Cartas a T. E. Brown, pág. 55.

El segundo experimento, más sutil y difícil, consiste en tomar al mismo grupo de niños en otro momento, contarles un cuento en forma de pantomima, comentándoles con anterioridad las líneas generales de la historia. En este caso, la exposición debe ser muy sencilla hasta que sean capaces, si se continúa con el experimento, de indagar en detalles más sutiles.

Nunca he olvidado la maravillosa representación, en forma de pantomima, de una obra de teatro en Londres, hace muchos años. La obra se llamaba *L'Enfant Prodigue* y la presentó una compañía de actores franceses. No es posible exagerar la fuerza con la que «el silencio» conmovió al público. Uno está tan poco acostumbrado a adivinar el mensaje y el desarrollo de los personajes a través del gesto y la expresión facial que supuso una auténtica revelación para la mayoría de los presentes, por lo menos para los anglosajones.

No puedo hablar de este hecho sin admitir el enorme valor dramático que posee el cine. Aunque nunca podrá ocupar el lugar de una verdadera representación, ya sea en forma de cuento, ya sea sobre un escenario, presenta un valor educativo en sus posibilidades de representación que resulta difícil de sobrestimar y creo que su inclusión en el currículum escolar, bajo la más estricta supervisión, podría comportar notables beneficios. Lo más probable es que, en la situación actual, tan caótica, y en manos de intereses comerciales, se ahogue la imaginación en lugar de estimularla o despertarla, pero el mundo educativo es por completo consciente del peligro, y estoy convencida de que en el futuro predominarán los beneficios.

El valor real del cine, en relación con los cuentos, consiste en que éste proporciona el escenario que falta en la visión interna de la mayoría de los niños, pero no impide que su imaginación lo complete más tarde con otros detalles. Por ejemplo, para la mayoría de los niños es casi imposible hacerse una idea de la simple descripción del paisaje de las regiones polares, como apareció representado más tarde en una película sobre la expedición del capitán Scott; sin embargo, cualquier cuento posterior acerca de dichas regiones habría despertado un interés muchísimo mayor.

Existe, no obstante, un peligro real al utilizar imágenes para ilustrar una historia, sobre todo si ésta contiene elementos que apelan directamente a la imaginación del niño y es diferente a las que tratan de hechos precisos. Se trata de forzar a todo el auditorio de niños a ver las mismas imágenes en lugar de permitir que cada chico construya su propia representación mental, lo cual es mucho más divertido y mucho más interesante desde el punto de vista educativo, porque, mediante este mecanismo, el niño coopera en lugar tenerlo todo hecho.

Queyrat, en su obra *La Logique chez l'Enfant,* cita a madame Necker de Saussure:[5]

> Para los niños y los animales, los objetos se presentan a sí mismos y no los términos de sus manifestaciones. Para ellos, pensar en algo es volver a verlo en su cabeza, es recorrer las sensaciones que produciría el objeto real. Todo lo que ocurre en su interior es en forma de imágenes o, mejor aún, de escenas inanimadas en las que la vida se reproduce parcialmente... Hasta un determinado momento, el niño carece de la capacidad de abstracción y encuentra un poder estimulante en la palabra, una inspiración sugerente que le encanta. Los niños reviven imágenes de colores vivos, mucho más brillantes que los propios objetos.

Seguramente, si esto es cierto, obtendríamos de los niños el raro poder de la visualización mental ofreciéndoles una imagen real de su mundo exterior.

Me llamó mucho la atención una nota que escribió un crítico del *Outlook* refiriéndose a una obra de teatro japonesa estrechamente relacionada con el tema que nos ocupa:

> En principio, debemos insistir en el poder de la imaginación. Nada puede construirse a base de tablones y lona; todo debe ser creado por el discurso del poeta.

Se refería a la decoración de una de las escenas, en la que sólo aparecían tres pinos que mostraban lo que podían evocar en la mente del espectador.

---

5. Pág. 55.

Oh, sí. Aparecen ahora, ante mis ojos
imágenes que conozco: el bosque, el río, el mar
y la bruma. Escenas de Ono ahora se me presentan.

A veces oigo objeciones relativas a esta teoría por parte de maestros que trabajan con niños pequeños y cuyo conocimiento de los objetos que hay fuera de su limitado círculo es tan escaso que las palabras que utilizamos, sin sospechar que les puedan parecer raras, les resultan, en realidad, completamente extrañas. Términos como mar, bosque, campo y montañas pueden no significar nada para ellos a menos que se les ofrezca una explicación previa. Yo he respondido a dichas objeciones que cuando trabajemos con objetos que puedan verse de verdad con los ojos de la cara es por completo legítimo mostrar imágenes de ellos antes de comenzar con la historia, de forma que el paso de la representación real a la mental no cause confusión; no obstante, como vemos en el ejemplo anterior, tenemos que esforzarnos para acostumbrar a los niños a ver más allá de lo que los objetos representan y, en relación con la habilidad de abstracción, es mejor confiar sólo en la fuerza y la elección de las palabras, así como en la presentación de las cualidades dramáticas, sin angustiarnos por si la respuesta no es inmediata si no es, ni siquiera, entusiasta.[6]

- *El peligro de oscurecer lo esencial de la historia con demasiados detalles* no es una característica de los profesores ni aparece sólo en la forma narrativa. He escuchado cuentos de sobremesa realmente brillantes que terminan por estropearse por culpa de este problema. Recuerdo el intento de Sancho Panza de contarle una historia a Don Quijote; siempre he sentido una gran simpatía hacia este último por su impaciencia sobre la narración:

—En un lugar de Extremadura había un pastor cabrerizo, quiero decir, que guardaba cabras, el cual pastor o cabrerizo, como digo de mi cuento, se llamaba Lope Ruiz, y este Lope Ruiz andaba enamorado de una pastora que se llamaba Torralva, la cual pastora llamada Torralva era hija de un ganadero rico, y este ganadero rico…

---

6. Para obtener más ejemplos al respecto, *véase When Burbage Played,* de Austen Dobson, e *In the Nursery,* de Hans Christian Andersen.

—Si de esa manera cuentas tu cuento, Sancho –dijo Don Quijote–, repitiendo dos veces lo que vas diciendo, no acabarás en dos días; dilo seguidamente y cuéntalo como hombre de entendimiento, y si no, no digas nada.

—De la misma manera que yo lo cuento –respondió Sancho–, se cuentan en mi tierra todas las consejas, y yo no sé contarlo de otra, ni es bien que vuestra merced me pida que haga usos nuevos.

—Di como quisieres –respondió Don Quijote–, que pues la suerte quiere que no pueda dejar de escucharte, prosigue.

—[...] vio un pescador que tenía junto a sí un barco tan pequeño, que solamente podían caber en él una persona y una cabra, y con todo esto le habló y concertó con él que le pasase a él y a trescientas cabras que llevaba. Entró el pescador en el barco y pasó una cabra, volvió y pasó otra, tornó a volver y tornó a pasar otra: tenga vuestra merced cuenta con las cabras que el pescador va pasando, porque si se pierde una de la memoria se acabará el cuento, y no será posible contar más palabra de él: sigo, pues, y digo, que el desembarcadero de la otra parte estaba lleno de cieno y resbaladizo, y tardaba el pescador mucho tiempo en ir y volver: con todo esto volvió por otra cabra, y otra y otra.

—Haz cuenta que las pasó todas –dijo Don Quijote–; no andes yendo y viniendo de esa manera, que no acabarás de pasarlas en un año.

—¿Cuántas han pasado hasta ahora? –preguntó Sancho.

—¿Yo qué diablos sé? –respondió Don Quijote.

—He ahí lo que yo dije que tuviese buena cuenta; pues por Dios que se ha acabado el cuento, que no hay pasar adelante.

—¿Cómo puede ser eso? –quiso saber Don Quijote–. ¿Tan de esencia de la historia es saber las cabras que han pasado por extenso, que si se yerra una del número no puedes seguir adelante con la historia?

—No, señor, de ninguna manera –respondió Sancho–, porque así como yo pregunté a vuestra merced que me dijese cuántas cabras habían pasado, y me respondió que no sabía, en aquel mismo instante se me fue a mí de la memoria cuanto me quedaba por decir, y a fe que era de mucha virtud y contento.

—¿De modo –dijo Don Quijote–, que ya la historia es acabada?

—Tan acabada es como mi madre –respondió Sancho.

- *El peligro de un exceso de explicación* es nefasto para el éxito artístico de cualquier narración, pero es incluso más serio en las historias que se cuentan con intención educativa, porque obstaculiza la imaginación del oyente y, dado que el desarrollo de dicha facultad es uno de nuestros principales objetivos al contar un cuento, debemos dejarle su propio espacio y no debemos comprobar el efecto que produce, como he mencionado antes, haciendo preguntas. Según mi propia experiencia, cuantas menos explicaciones se den, siempre y cuando se sea cuidadoso con la elección del material y con su presentación artística, los niños podrán suplantar mejor lo que se necesita para la comprensión de la trama con su propia mente.

Queyrat dice:

> El niño no necesita comprender el significado exacto de las palabras; por el contrario, parece que cierta falta de precisión estimula notablemente su imaginación proporcionándole más libertad e independencia.[7]

- *El peligro de rebajar el nivel* de la historia con el objeto de satisfacer el gusto poco desarrollado del niño es muy particular. Me refiero, en este caso, a los cuentos que se presentan con fines pedagógicos. Aunque existen momentos de relax, tanto en la vida del niño como en la del adulto, en los que se disfruta de cuentos sencillos, ahora me refiero los cuentos con objetivos didácticos.

Hay un aspecto del cuento que parece que ha gozado de poca consideración tanto en Estados Unidos como en muchos lugares. Se trata de los cuentos para ancianos, y no solo en geriátricos o en tranquilos núcleos rurales, sino también en el centro de las más grandes ciudades y en los propios hogares de dichas personas. Mientras que los jóvenes pueden disfrutar de mucho ocio fuera de casa, ¿con qué frecuencia pueden los ancianos (muchos de ellos con serios problemas de movilidad

7. *Les jeux des enfants*, pág. 16.

e incapaces de leer con facilidad por sí mismos) recordar la alegría de su infancia asistiendo a la narración dramática de algunos cuentos que ya conocen? Ésta es una tarea maravillosa para personas de la clase acomodada que poseen este don y una forma eficaz de captar su atención, mucho más que la simple lectura en voz alta.

Lady Gregory, hablando de los ancianos de una residencia de desamparados en Irlanda, estaba realmente conmovida por el extraño contraste que existía entre la pobreza de los narradores y el esplendor de los cuentos. Decía:

> Las historias que les gustan contienen elementos visionarios, cisnes que se convierten en princesas, castillos con coronas sobre las puertas, amantes que viajan sobre alas de águilas, brujas que adoran la música, viajes al otro mundo y sueños que duran cien años.

Me temo que sólo la imaginación celta se complace en temas tan románticos, pero estoy segura de que los hombres y las mujeres de las residencias están mucho más interesados de lo que creemos en las historias que sobrepasan su pequeño círculo cotidiano.

CAPÍTULO 2

LO ESENCIAL DEL CUENTO

Sería una estupidez sugerir que lo esencial para lograr el éxito en el arte de contar cuentos es el interés que despierte y la fuerza de la expresión y que, sin ellos, ningún narrador llegaría muy lejos; pero sostengo que, incluso estando en posesión de estos dones, se necesitan otras cualidades para conseguir una representación de calidad, entre las que ubico, en primer lugar, la simplicidad aparente, que es el arte de ocultar el verdadero arte.

Me refiero al narrador público o al profesor ante un grupo de niños y no a la abuela que de manera espontánea (y cada vez menos) cuenta historias cerca de la chimenea, como evoca Béranger en su poema *Souvenirs du Peuple:*

Mes enfants, dans ce village,
Suivi de rois, il passa;
Voilà bien longtemps de cela!
Je venais d'entrer en ménage,
À pied grimpant le coteau,
Où pour voir je m'étais mise.

Il avait petit chapeau et redingote grise.
Il me dit: Bonjour, ma chère.

Il vous a parlé, grand'mère?
Il vous a parlé?[8]

Soy suficientemente escéptica para pensar que no es la espontaneidad de la abuela, sino el arte de Béranger lo que realza el efecto de la historia que cuenta este poema.

Esta íntima forma de narración, que resulta encantadora en el ambiente adecuado, podría fracasar al pretender *alcanzar*, y mucho menos *mantener*, el interés de un auditorio amplio; no por su simplicidad, sino, a menudo, por la falta de destreza para organizar el material y de sentido artístico para seleccionarlo, intentando dirigir el interés hacia un punto concreto, al tiempo que se disponen adecuadamente las cuestiones secundarias. En resumen, la sencillez que se requiere para conseguir el propósito es la que deriva de la simplicidad y nos produce la sensación de dejarnos llevar por la narración. Sólo cuando convertimos nuestro instinto en arte, podemos obtener una historia completa y bien acabada.

Me parece necesario enfatizar este punto porque la gente tiende a confundir la simplicidad de estilo con el descuido en la presentación, la ausencia de cohesión interna de las frases, en las que como único nexo se recurre siempre a los tan manidos «y», «por tanto» y «mmm...»; este último sonido inarticulado es el responsable del fracaso de más de un cuento y la distracción del auditorio, muchas más veces que algunos errores destacados relativos a la presentación dramática.

La simplicidad auténtica mantiene la atención del público, porque la aparente falta de esfuerzo del narrador ejerce un efecto agradable y relajante sobre el oyente. Es como pasar del zumbido ensordecedor de la maquinaria en el proceso de fabricación al producto perfectamente

---

8. Mis niños, en este pueblo / seguido de reyes, él pasó; / ¡hace ya mucho de eso! / Acababa de casarme, / escalando a pie la ladera para ver dónde me había metido. / Tenía un sombrerito y un vestido gris. / Me dijo: buenos días, querida. / ¿Te habló, abuela? / ¿Te habló? El lector habrá observado que la traducción de este poema está en cierto sentido desordenada; hemos querido ser fieles al poema original, ya que parece que la gracia de estos versos radica precisamente en su desorden. Una traducción alternativa sería la siguiente: Mis niños, en este pueblo / él pasó seguido de reyes. / ¡Hace mucho tiempo de eso! / Acababa de casarme, / escalando la ladera a pie / para ver dónde me había metido. / Tenía un sombrerito y un vestido gris. / Me dijo: buenos días, querida. / ¿Te habló, abuela? / ¿Te habló?

acabado, cuyo único indicio de que ha existido tal proceso es la belleza y la armonía del conjunto terminado, lo cual nos hace suponer que cada una de las partes que lo componen ha recibido la atención necesaria. ¿Qué es, en realidad, lo que hace que esa aparente simplicidad asegure el éxito del cuento? La respuesta aparece muy bien expresada en este fragmento extraído de una conferencia de Henry James sobre Balzac:

> Un defecto del artista, comparable a la falta de dignidad, consiste en la ausencia de saturación de su propia idea. Cuando falla la saturación, cualquier otra presencia real es inútil; sin embargo, cuando funciona, no existe fallo alguno en el método que sea capaz de interferir fatalmente.

A continuación presento dos ejemplos del efecto que produce dicha saturación; en uno de ellos demostraré que la falta de método no impide la consecución del efecto deseado, mientras que, en el otro, justificaré que cuando se combina con ciertas cualidades secundarias del narrador, el éxito está asegurado.

Como ilustración para el primer caso, recuerdo una experiencia que tuve en el norte de Inglaterra cuando la directora de una escuela infantil me pidió que escuchase a una joven inexperta mientras contaba un cuento a unos niños muy pequeños.

Cuando empezó me sentí decepcionada por la completa ausencia de método. La pobre chica parecía que reuniera todos los defectos más perjudiciales que pudiesen arruinar la presentación de un orador. Su voz era ronca, sus gestos torpes, histriónicos y melodramáticos. Pero a medida que fue avanzando, comencé a ignorar todos esos fallos y, en realidad, llegué a olvidarme de ellos por lo absorta que estaba la narradora, tan saturada de su propia historia que pronto contagió al público del tremendo interés que tenía, y los niños permanecieron del todo hechizados.

El otro caso tuvo lugar echando un vistazo furtivo tras el escenario, una vez en la que el desaparecido M. Coquelin me invitó a visitarle en su camerino, entre los actos primero y segundo, de la obra *L'Abbé Constantin,* en una representación que se hizo en Londres un año antes de su muerte. La última vez que había estado con M. Coquelin había sido en una cena en la que quedé del todo impresionada por la brillante conversación de este gran actor en su papel de hombre de mundo. Pero en esta ocasión concreta me encontré con el sacerdote campechano y amable que estaba tan metido en su papel que un poco más y le doy limosna para los pobres y le pido que me bendiga antes de marcharme. Mientras hablaba con él, me sentí desconcertada. Cuando me marché, empecé a darme cuenta de lo que había ocurrido: estaba tan imbuido en su historia que fue incapaz de abandonar su papel ni por un instante, para volver a ser el anfitrión cosmopolita de siempre.

Éste es el espíritu que quiero inculcar a los futuros cuentacuentos. Si se aplicasen en su trabajo con tanto ahínco, serían una auténtica revolución para el arte de contar cuentos para el mundo de la enseñanza. La complejidad para llevar a la práctica esta teoría reside en la constante exigencia a la que se ven sometidos los maestros, que carecen de tiempo suficiente para alcanzar un nivel artístico, que en principio es simple, aunque, en realidad, los esfuerzos requeridos nunca serán verdaderamente apreciados.

Mi respuesta a esta objeción es que, aunque para alcanzar la perfección haya que dedicar mucho tiempo a cada cuento, de forma que se pueda preparar muy bien el ambiente en el que se desarrolla al mismo tiempo que la acción (igual que los fotógrafos utilizan un tiempo de exposición para conseguir determinados efectos en el cielo sin perder la definición de los objetos que aparecen en la imagen), no es tanto problema de tiempo como de concentración en el tema, que es uno de los factores fundamentales para la correcta preparación del cuento.

Muchos narradores se contentan con resultados insignificantes y el público no llega a ser lo bastante crítico como para exigir más nivel.[9] El método de «mostrar todo el proceso» favorece resultados inmediatos, pero es fácil desanimarse por la cantidad de trabajo arduo que no necesariamente va a ser reconocido por la gente. No obstante, dado que el tema que nos ocupa son los fundamentos esenciales para lograr una narración de calidad, pido disculpas si me centro en el nivel más alto y en los medios para conseguirlo.

---

9. Un célebre intelectual griego reprendió a su discípulo a pesar de que la asamblea entera lo aplaudía: «Lo has hecho fatal y no como lo tenías que hacer; esas personas nunca te elogiarían por algo realmente artístico».

Así, mantengo que la capacidad de trabajo, por muy tediosa que resulte, es uno de los puntos esenciales del arte de contar cuentos. Personalmente, nada me parece más interesante que observar cómo va creciendo la historia poco a poco, desde un simple esbozo hasta un conjunto dramático. Imagino que será el mismo placer que se siente al ver cómo se va dibujando un diseño sobre una tela. No quiero decir que se trate de un trabajo mecánico que deba realizarse en condiciones adversas en un espacio de tiempo limitado y que resulte equivalente a cientos de productos similares; por el contrario, al trabajar en él, nos debemos conceder un tiempo y concentración sin límites.

El deleite particular de la lenta preparación de un cuento se alcanza cuando los personajes, e incluso los objetos inanimados, cobran vida y parecen moverse por sí mismos. Recuerdo haber perdido dos o tres patéticas semanas con el cuento de Andersen *Las aventuras de un escarabajo*. Pasé por momentos de auténtica depresión porque todos esos bichos, escarabajos, tijeretas, ranas, etc. se comportaban de una forma bastante convencional en lugar de desplegar la fuerte personalidad que Andersen había concedido a cada uno de ellos, de modo que acabé decidiendo no contar ese cuento.

Pero un día, el escarabajo, por así decirlo, «cobró vida» y, de repente, todos los demás personajes secundarios participaron también de la animación. Así, comprobé que había realizado el trabajo principal y que sólo quedaba la fácil tarea de guiar la acción del drama, sugerir cuestiones secundarias y pulir detalles, sin perder de vista al escarabajo, que debía desenvolverse con naturalidad y conservar su individualidad.

Tenemos tendencia a preparar las historias empezando por los detalles, por un gesto o un elemento que recordamos de otro cuento que nos han contado... pero si nos saltamos el período contemplativo, sólo conseguiremos resultados imperfectos, improvisados e inútiles que nunca nos llevarán a los efectos dramáticos anhelados. Este tipo de preparación me recuerda a una joven campesina a la que llevaron a una representación de *Guillermo Tell* y, cuando le preguntaron por el argumento de la obra, sólo pudo resumirlo diciendo: «Me parece que había una fruta a la que disparaban una flecha».[10] Entiendo la extrema difi-

10. Para más detalles en cuanto a la preparación del cuento, *véase* el capítulo «Preguntas formuladas por los maestros».

cultad que tienen los maestros para dedicar el tiempo necesario al perfeccionamiento de los cuentos que narran en las escuelas, porque ésta es sólo una de las numerosas materias que forman parte del nutrido currículum escolar. Por eso, les aconsejo lo siguiente: no temáis repetir vuestras historias.[11] Si no contáis más de siete historias al año, escogidas meticulosamente, y las repetís seis veces en un curso de cuarenta y dos semanas, estaréis haciendo un trabajo artístico y, en este sentido, duradero; proporcionaréis a los niños diversión porque disfrutarán escuchando el mismo relato varias veces. También seréis capaces de evitar la aplicación moral directa, porque, cada vez que un niño asiste a la narración artística de una historia, adquiere un poco más del sentido que se esconde tras la simple historia, sin precisar explicaciones. Acostumbrarse a hacerlo lo mejor posible, en lugar de simplemente bien, implicará que, a largo plazo, estemos preparados para alcanzar el más alto nivel, y los cuentos, aunque sean menos, estarán del todo acabados y pulidos, y producirán efectos sorprendentes.

En su historia *El porquerizo*, Hans Christian Andersen expone:

Sobre la tumba del padre de la princesa crecía un rosal que sólo florecía cada cinco años, con una sola rosa. ¡Pero qué rosa! Su perfume era tan sublime que todo el que lo olía se olvidaba, de repente, de sus preocupaciones y sus penas.

Lafcadio Hearn dijo:

El tiempo acaba con los errores y las estupideces del éxito fácil y nos presenta la Verdad. Ésta, al igual que el aloe, tarda mucho en florecer, pero su flor es la más preciosa de las que existen.

11. Sully entiende que a los niños les gustan las repeticiones exactas porque existe un estrecho vínculo entre la emoción y el proceso de realización imaginativa.

CAPÍTULO 3

LOS ARTIFICIOS PARA CONTAR CUENTOS

Con este término no me refiero a nada que vaya en contra del evangelio de la sencillez que predico una y otra vez, pero a falta de algo mejor, utilizo la palabra «artificios» para referirme a los mecanismos a través de los cuales procuramos atraer y mantener la atención del público. El arte de narrar un cuento es, en realidad, mucho más difícil que representar un papel sobre un escenario; en primer lugar, porque el narrador es el único responsable de todo el drama y de la atmósfera en la que se desarrolla. Tiene que vivir la vida de todos y cada uno de los personajes, comprendiendo su relación con todos los demás. En segundo lugar, porque su escenario es como una miniatura y sus gestos y movimientos deben adaptarse de forma que no acaben con la sensación de proporción. A menudo he visto actores que, acostumbrados a los escenarios amplios, tienden a exagerar sus gestos y sus movimientos cuando están contando una historia. La preparación especial del cuentacuentos debería consistir no sólo en el entrenamiento de la voz y la elección cuidada del lenguaje, sino, sobre todo, en el control de la sugestión, que no siempre se puede utilizar en el escenario porque se ve dificultada por la presencia de los objetos reales. El narrador tiene que presentar dichos objetos ante el órgano más delicado: «el ojo interior».

Tan convencida estoy del carácter minimalista del arte de contar cuentos que opino que nunca se podrá conseguir una representación de este tipo por completo artística en un recinto demasiado amplio o ante un público muy numeroso.

He realizado algunos experimentos de este estilo cuando, en dos ocasiones, conté un cuento en Estados Unidos ante un público de más de cinco mil personas,[12] pero, en ambos casos, aunque la respuesta a la reacción dramática en un público tan numeroso resultó gratificante y estimulante, me vi obligada a sacrificar parte de la sutileza de la historia para conferir más énfasis y que me pudieran escuchar todos los presentes.

El énfasis es el veneno de toda narración, porque acaba con la delicadeza y toda la representación se convierte en una lucha por transmitir el mensaje. La indecisión de la victoria deja al público nervioso e insatisfecho.

Por tanto, otra vez, en comparación con el trabajo de un actor sobre el escenario, en el cuento no podemos contar con la ayuda de las diversas entradas y salidas a escena, las candilejas, el vestuario, la expresión facial de un compañero de escena, todo lo cual interpreta mucho más de lo que digo y sin necesidad de elaboración por mi parte, porque, por ejemplo, cuando en un cuento se entabla un diálogo, que requiere mucha sutileza y agilidad en la expresión facial, el narrador debe ser, al mismo tiempo, hablante y oyente.

En este sentido, ¿de qué artificios podemos hacer uso para reemplazar toda esa ayuda que se le ofrece a un actor sobre el escenario? El primero y principal, como medio para captar con rapidez la atención del público, es el sensato arte de la pausa. Para aquellos que no hayan tenido ningún tipo de experiencia en la materia, este elemento les parecerá trivial e innecesario, pero los que conozcan este tema un poco coincidirán conmigo en la extraordinaria eficacia de este simple medio. En realidad, es a lo que Coquelin se refería con «momento culminante», en el que todo el interés se dirige a un único punto.

He utilizado este sencillo arte de la *pausa* con todo tipo de público y sólo ha fallado en alguna ocasión. Resulta muy complicado poner ejemplos, excepto que se haga una auténtica representación «en directo», pero lo intentaré y espero que, como mínimo, me comprendan los

12. En la Escuela de Verano de Chautauqua, Nueva York, y el Lincoln Park de Chicago.

que alguna vez han asistido a alguna de mis narraciones de cuentos. En *La princesa y el guisante,* de Hans Christian Andersen, el rey abre él mismo la puerta. Este momento se puede tratar de dos formas diferentes. Una sería: «...y entonces el rey abrió la puerta y tras ella encontró a una verdadera princesa» o bien «...y entonces el rey abrió la puerta y tras ella encontró ---(pausa)--- a una verdadera princesa».

Es muy difícil exagerar la diferencia de efecto que se produce con una ligera pausa.[13] Con los niños, implica una pequeña dosis inconsciente de curiosidad que se expresa con una repentina tensión muscular. Durante el momento que ocupa la pausa se produce el tiempo justo para sentir, aunque no para formular, la pregunta: ¿qué encontró detrás de la puerta? Con este elemento se logra la mitad del trabajo necesario para mantener la atención. Creo que no resulta necesario profundizar en las razones psicológicas que lo justifican, pero recomendaría a los interesados en este tema que lean el capítulo al respecto que aparece en la obra de Ribot *Essai sur l'Imagination Créatrice,* así como la obra de Keatinge, *Suggestion.*

Me gustaría aconsejar a todos los maestros que revisen sus cuentos para poder introducir las pausas adecuadas y variar su uso, de acuerdo con la edad, el número y, sobre todo, la predisposición de los niños. Sólo la experiencia puede asegurarnos el éxito en este ámbito; yo he tardado muchos años en llegar a comprender la importancia de este mecanismo.

Entre los medios de que disponemos para mantener viva la atención de los oyentes y procurar que comprendan los elementos fundamentales de un cuento, se encuentra la gesticulación, la mímica. Creo, sin embargo, que debe hacerse un uso controlado de ésta y no centrarla en un solo personaje. En este sentido, no encontraremos nada mejor que el consejo de Hamlet para los actores: «Ten cuidado de no traspasar nunca la modestia de la Naturaleza».

Quizás no sea necesario advertir a los cuentacuentos sobre el peligro que supone el abuso de la gesticulación y resulte más útil animarlos a que la utilicen, en especial en los países anglosajones, en los que tenemos tanto temor a expresarnos de este modo y en el que la falta de gesti-

13. No debe ponerse más énfasis en el caso de la pausa que en el otro.

culación es exagerada. Cuando el anglosajón realiza algún movimiento, lo hace en bloque (o todo el brazo, o toda la pierna, o todo el cuerpo), pero si nos fijamos en una conversación entre personas procedentes de los países mediterráneos, observaremos la cantidad de detalles que se pueden sugerir con un simple giro de muñeca o el movimiento de un dedo. El poder expresivo de las manos está tan bien resumido en este fragmento que me parece justificado reproducirlo aquí para todos aquellos que deseen descubrir lo que se puede conseguir mediante el gesto:

> En lo que respecta a las manos, sin la ayuda de las cuales toda expresión resultaría débil y deficiente, sería imposible enumerar la cantidad de movimientos que pueden realizar, dado su poder de expresión, que llega a ser equiparable al del lenguaje. Otras partes del cuerpo resultan útiles para el hablante, pero de ellas se podría decir que son capaces de hablar por sí solas. Con nuestras manos podemos pedir, prometer, llamar a una persona o hacer que se aleje, amenazar, suplicar, indicar miedo o desagrado; con nuestras manos expresamos alegría, aflicción, duda, gratitud, pena… señalamos la medida, la cantidad, el número y el tiempo. ¿Carecen nuestras manos del poder de incitar, reprimir, suplicar o manifestar aprobación? De modo que, de entre las numerosas lenguas que se extienden por todas las naciones y pueblos, la de las manos parece ser la común a todos los seres humanos.[14]

Uno de los artificios más efectivos a la hora de contar cuentos a los niños pequeños es el uso de la imitación. La reproducción de las voces de los animales y de todo tipo de sonidos resulta muy divertida para ellos. Sin embargo, me gustaría introducir una advertencia al respecto. Este característico artificio sólo lo pueden emplear narradores que tengan una aptitud y un don especial para ello. Hay muchas personas que tienen una gran fuerza imaginativa, pero que carecen por completo de la capacidad de imitación, y sus esfuerzos en este sentido, aunque encomiables, acaban siendo grotescos e ineficaces. Al escuchar este tipo de representaciones, para las que los niños son extrañamente críticos,

14. De *La educación del orador*, libro II, capítulo 3.

uno recuerda aquella historia francesa en la que un pintor aficionado enseña uno de sus lienzos a un amigo poco entendido en la materia:

—¡Anda! –dice el amigo–. Esto debe representar un león ¿no?
—Pues no –responde el pintor un tanto ofendido–. Es mi perrito faldero.

Otro mecanismo que da muy buen resultado con niños pequeños consiste en atraer su atención invitándoles a participar incluso antes de comenzar la historia. A continuación voy a presentar una breve introducción muy efectiva para mis cuentos cuando me dirijo a un público de muy corta edad:

Anoche tuve un sueño muy raro que os voy a contar antes de empezar con mis cuentos. Soñé que iba caminando por la calle de (aquí diría el nombre de la ciudad en la que me encontrase en ese momento) y llevaba un gran saco al hombro, lleno de historias que había ido recogiendo de todos países del mundo; mientras andaba, iba gritando con todas mis fuerzas: «¡Historias! ¡Cuentos! ¿Quién quiere escuchar mis cuentos?». Y en mi sueño, los niños me rodeaban y me decían: «Cuéntanos tus cuentos, queremos escucharlos».

Así que sacaba un cuento de mi enorme saco y comenzaba: «Había una vez un rey y una reina que no tenían niños y que...». De repente, un niño muy pequeño, mucho más que aquel que está sentado allí, me interrumpía y gritaba: «Yo ya me sé ese cuento, es el de la Bella Durmiente».

Entonces sacaba otro cuento y comenzaba otra vez: «Érase una vez una niña pequeñita que iba a casa de su abuelita...», entonces una niña, que se parecía a ésta que está sentada al final, decía: «Es...» Justo aquí hago una pausa y todos los niños gritan pletóricos y a coro: «¡Caperucita Roja!» antes de darme tiempo a seguir con la niña de mi sueño.

Suelo repetir el proceso dos o tres veces, pero las historias que escojo son siempre muy conocidas. Después de esto, los niños están completamente estimulados y animados. Por lo general, termino felicitándoles por la gran cantidad de cuentos que conocen y les transmito mi deseo de que mis cuentos les gusten. Creo que casi nunca ha fallado este plan para establecer una buena comunicación de cordialidad entre el público y mi persona. Con frecuencia, lo difícil no es ganarse la atención del auditorio, sino mantenerla, y uno de los mecanismos más sutiles consiste en dejar que la gente se relaje un poco (sin que se den cuenta) tras una situación de intensidad dramática, dándoles tiempo para que preparen su interés para la siguiente situación.

Con respecto a este tema, encontramos un buen ejemplo en el cuento de Rudyard Kipling *El gato que caminaba a dos patas*, en el que la repetición de palabras actúa como un sedante hasta que uno advierte el comienzo de una nueva situación.

Lo verdaderamente importante es no dejar nunca que el público pierda demasiada atención en las historias que dependen de situaciones dramáticas. Tan sólo se trata de una cuestión de matices y color en el lenguaje. Si se está contando una historia por partes y el público se distrae en dos o tres ocasiones, se puede hacer una pausa estratégica cuando se llega a un momento culminante, que utilizaremos para avivar la especulación en las mentes infantiles y hará que crezca su interés cuando se retome la historia.

Otro mecanismo necesario cuando se está contando un cuento es mirar al auditorio, de forma que sepamos si están predispuestos para la acción o para la reacción, y podamos, así, modificar la historia. La predisposición para la reacción no es nada frecuente y se debe utilizar para presentar un tipo de material diferente. Representa la oportunidad para introducir una breve descripción poética, con un lenguaje cuidado, a la que los niños no prestarían atención si tuviesen una predisposición mayor para la acción y el dramatismo.

Quizás uno de los artificios más importantes sea captar con rapidez la atención del público mediante un comienzo sorprendente que garantizará su interés desde el principio. Entonces, el narrador se puede relajar un poco, pero siempre teniendo en cuenta el final, porque es lo que permanece más vivo en la mente de los niños. Si se les pregunta qué historia les gusta más de una serie de cuentos, siempre mencionan la última porque, en ese momento, oculta a las demás.

A continuación, presentaré algunas reseñas de las diferentes maneras de empezar un cuento, que rara vez fracasan a la hora de captar la atención del niño:

«Había una vez un ogro gigante que vivía solo en el fondo de una cueva», de *El gigante y el espantapájaros; El libro de Bárbara y el caballero*, David Starr Jordan.

«Érase que se era veinticinco soldaditos de plomo, todos hermanos, pues habían sido construidos a partir de la misma vieja cuchara de plomo», de *El soldadito de plomo,* Hans Christian Andersen.

«Érase una vez un emperador que tenía un caballo, cuyas herraduras eran de oro macizo», de *El escarabajo*, Hans Christian Andersen.

«Había una vez un mercader tan rico, tan rico, tan rico, que tenía bastante oro como para pavimentar toda la calle y le sobraría, incluso, para un callejón», de *El tronco volador*, Hans Christian Andersen.

«Érase una vez un chelín que se escapó de la casa de la moneda saltando y gritando: "¡Viva! ¡Voy a dar la vuelta mundo!"», de *El chelín de plata*, Hans Christian Andersen.

«Había una vez, hace muchos, muchos años, un elefante, el más querido de los animales, que no tenía tronco», de *Historias para niños: El niño del elefante*, Rudyard Kipling.

«El canguro no siempre ha sido como lo conocemos ahora; antes era un animal completamente diferente, con cuatro patas pequeñas», de *Historias para niños: el viejo canguro*, Rudyard Kipling.

«Gire hacia donde gire –dijo la veleta en lo alto del campanario– nadie está contento», de *Fábulas al amor de la lumbre*, Edwin Barrow.

«Un grupo de piezas de ajedrez, colocadas sobre el tablero, decidieron cambiar las reglas del juego», de la misma fuente.

«La sombrilla, color rosa, tenía delicadas varillas de barba de ballena y un fino mango de madera de cerezo», Narraciones breves, W. K. Clifford.

«Érase una vez un pobre asno que hacía girar una noria y nunca había tenido la oportunidad de mover la cola, de sacudir la cabeza, de rebuznar ni de saborear los cardos tiernos», de la misma fuente.

Algunos de estos comienzos están dirigidos, en efecto, a niños muy pequeños, pero todos ellos comparten la misma característica: los imbuyen de lleno en el tema y, por tanto, atrapan su atención al instante, al contrario de lo que ocurre con las historias que comienzan con una lenta descripción.

Del mismo modo, debemos ser extremadamente cuidadosos con los finales de los cuentos. Deben contar, también, con un clímax dramático, alrededor del cual se ha ido desarrollando toda la historia, como vemos en los siguientes ejemplos:

«Y desde entonces, sale por los húmedos bosques, se sube a las copas de los árboles y a los tejados, agitando su cola y caminando con la única compañía de su soledad», de *Historias para niños*, Rudyard Kipling.

O se puede crear el efecto del anticlímax:

«Lo sabemos por el periódico del concejal, pero éstas son cosas que nunca se deben creer del todo», de *Jack el zoquete*, Hans Christian Andersen.

O se puede evadir por completo:

«Y quien no se lo crea puede comprarlas en el patio del curtidor», de *Una gran aflicción*, Hans Christian Andersen.

O se puede introducir un comentario sorprendente:

«Como nunca ha recuperado los tres días que perdió al principio del mundo, nunca ha aprendido a comportarse como es debido», de *Historias para niños: cómo consiguió el camello su joroba*, Rudyard Kipling.

Lo único que he querido sugerir en este capítulo son algunas estrategias útiles que he descubierto a lo largo de mis años de experiencia, pero estoy segura de que se le podrían añadir muchas más.

CAPÍTULO 4

ELEMENTOS QUE HAY QUE EVITAR EN LA SELECCIÓN DE MATERIAL

Es preciso distinguir entre la historia que se le cuenta a un niño en concreto, dentro de su círculo familiar, o por parte de una cuidadora, y la que se le cuenta a un grupo de niños en el colegio, como parte del currículum escolar. Y si menciono en reiteradas ocasiones esta diferencia es porque quiero dejar muy claro que la narración de los padres o de los amigos es del todo diferente, tanto en el fondo como en su forma, de la que forma parte del mundo de la enseñanza. En el primer caso, se pueden tratar casi todos los temas, dado que, conociendo el temperamento individual del niño, un padre o un amigo sensato sabe exactamente qué temas se pueden presentar y cuáles es mejor no tratar; pero con un grupo normal de alumnos, se prescinde manera deliberada de todos aquellos elementos inapropiados para niños un tanto especiales (me refiero a los niños que, por circunstancias o características personales, presentan un desarrollo distinto al que corresponde a su edad).

A continuación, enumeraré los elementos que la experiencia me ha enseñado a considerar como inapropiados para su uso en las aulas:

- *Las historias relacionadas con el análisis de las motivaciones y los sentimientos.* Este consejo resulta en especial necesario en la actualidad, porque estamos en un momento bastante introspectivo y analítico. Basta con que nos fijemos en las novelas y obras de teatro del último cuarto de siglo, e incluso de la última década, para observar cómo ese espíritu ha invadido tácitamente la literatura y la vida cotidiana.

Esta tendencia al análisis es, obviamente, más peligrosa para los niños que para los adultos, porque desde la falta de experiencia y conocimiento psicológico apropiado, el análisis de los niños es necesariamente incompleto. Éste no es capaz de descubrir todas las causas que provocan la acción, ni alcanzar ese estado de ánimo filosófico que lleva al adulto a sacar conclusiones objetivas.

Por tanto, tenemos que desalentar al niño a mostrar una tendencia excesiva hacia el análisis de los motivos que provocan la acción y abstenernos de presentarles ejemplos en los cuentos, que pudieran animarlos a juzgar.

Recuerdo una vez en que me acerqué a darle las buenas noches a una niña amiga mía y la encontré sentada en la cama, insomne. Tenía los ojos brillantes y las mejillas enrojecidas y, cuando le pregunté por qué estaba tan nerviosa, me respondió: «Sé que hoy he hecho algo mal, pero no recuerdo qué es». Yo le dije: «Phyllis, si te pones esas manos tan pequeñitas que tienes delante de los ojos, no verás nada, por muy grande que sea. De igual modo, lo que has hecho hoy te parece muy grande porque está muy próximo, pero cuando te alejes un poco lo verás todo con claridad, así que vamos a esperar hasta mañana por la mañana». Me alegra precisar que me hizo caso. Se quedó dormida y por la mañana ni siquiera se acordaba de aquella cosa tan mala que había hecho que se desvelara la noche anterior.

- *Historias que contengan demasiado sarcasmo e ironía.* Éstas son dos armas muy peligrosas que nunca se deben dejar en manos de los niños. De nuevo, como en el caso del análisis, los niños sólo pueden acceder a una versión incompleta de la idea total. No llegan a comprender la causa real que provoca una situación aparentemente ridícula. Tan sólo a través de la experiencia y el conocimiento se pueden descubrir el patetismo y la tristeza que subyacen en este tipo de situaciones, y sólo un niño extraordinariamente dotado, o una persona adulta, pueden descubrirlo de manera instintiva. Se tarda una vida en llegar a la conclusión que describe Sterne:

> Jamás habría insinuado un chiste inoportuno en la venerable presencia de la miseria, si hubiese merecido el ingenio que Rabelais nunca desperdició.

Debo añadir que no me parece oportuno que la simpatía de los niños, ni sus sentimientos, salgan demasiado en la pena, porque eso no es sano ni útil, ni para ellos ni para los demás. Sólo pretendo proteger a los niños de la actitud crítica, tan peligrosa, a la que conduce el uso de la sátira, que sacrifica demasiado la confianza en los seres humanos, siendo la confianza en los demás un tema esencial durante la infancia. Al dejarse llevar por la sátira, el sentimiento de bondad de los niños se pervierte, se reprime su simpatía natural y maduran antes de lo que corresponde y mal. En *La reina de las nieves*, de Hans Christian Andersen, encontramos un ejemplo excelente:

Cuando Kay se clava el pequeño trozo de espejo en el ojo, deja de ver el mundo con los ojos de un niño normal; lo único que puede ver son las debilidades de la gente, situación a la que sólo se llega tras una larga trayectoria de pesimismo.

Andersen resume este punto de vista tan antinatural con las siguientes palabras: «Cuando Kay trataba de rezar el padrenuestro, se le venían a la mente las tablas de multiplicar». Si no nos tomamos estas palabras en sentido literal, entenderíamos que Kay está desarrollando mucho su inteligencia racional e ignorando su inteligencia emocional.

Otro ejemplo de este tipo trampas, que debemos evitar, lo encontramos en *Historia de una mariposa* de Andersen. La amargura de las anémonas, el sentimentalismo de las violetas, la fragilidad de las campanillas... son elementos que pueden deleitar al adulto, pero que no comprende la mayoría de los niños.

- *Historias de carácter sentimental.* Resulta extraño, pero la sensiblería atrae más a los profesores jóvenes que a los niños propiamente dichos. Es difícil establecer la diferencia entre el sentimiento real

> y el sentimentalismo, pero la mayoría de los niños y niñas de entre unos diez u once años, la perciben de manera inconsciente, aunque la diferencia no les parezca tan clara unos cuantos años más tarde.

Hace unos años, Elisabeth McCracken publicó un excelente artículo sobre literatura juvenil para *Outlook,* en el cual podemos encontrar un buen ejemplo de este poder de discernimiento por parte del niño.

Una profesora joven estaba contando un cuento a sus alumnos sobre una dama demasiado sensible que quiso poner a prueba a su enamorado, para lo cual le pidió que recogiera un guante que se le había caído entre un tigre y un león. El pretendiente cumplió su deseo para demostrar su valentía. Tras escuchar el cuento, uno de los niños manifestó su desprecio por el caballero por considerarlo un calzonazos que se somete a una prueba absurda.

«Pero –dijo la profesora– lo hizo para demostrarle a su amada lo tonta que era en realidad». Y la respuesta del niño resume lo que intento explicar: «Es que no tiene sentido que haga una estupidez aún más grande para demostrarle lo tonta que es».

Si el chico hubiese terminado ahí, podríamos concluir que el pobre niño no era precisamente un romántico, pero su siguiente observación demuestra su absoluta sensatez: «Si hubiese sido ella la que se hubiese caído entre el tigre y el león, y él hubiese corrido a rescatarla, sí habría sido un valiente de verdad y, además, habría servido para algo». Dado el carácter de la dama, deberíamos cuestionarnos, como adultos, la última afirmación del niño, pero se trata de puro cinismo y, por suerte, no entra dentro de los cálculos de los niños.

En todos mis años de experiencia, y he contado esta historia muchísimas veces a niñas de entre diez y doce años en escuelas inglesas, no he encontrado a ninguna que simpatice con la dama o que no sea capaz de comprender la justicia poética que se impone al final del cuento con la renuncia del caballero.

Chesterton define el sentimentalismo como «una forma aburrida, extraña o inadecuada de tratar ciertos temas que requieren una expresión más amplia y más brillante».

Animo a los maestros jóvenes a que revisen, teniendo en cuenta esta definición, algunos de los cuentos que incluyen en su repertorio y comprueben si superan el examen o no.

- *Historias que contengan episodios demasiado sensacionalistas.* El peligro de este tipo de cuentos es enorme, porque muchos niños se deleitan con ellos y a algunos les atrae muchísimo en abstracto, pero, en la realidad, sienten miedo.[15]

Una tía cariñosa, en cierta ocasión, deseosa de ganarse a su sobrino de cuatro años, no dejaba de pensar buscando un cuento apropiado para un niño tan pequeño. Se quedó sorprendida cuando, de repente, el niño le dijo en tono imperativo: «¡Cuéntame la historia del oso que se comió al niño!». Esa historia se alejaba tanto de lo que ella hubiese escogido como cuento que dudó en contársela, pero pensando que el niño no se asustaría con los detalles del cuento, dado que él mismo se lo había pedido específicamente, empezó con la narración de la espeluznante historia que acababa en una terrible tragedia. Justo en el momento culminante, el niño agitó las manos muerto de miedo y gritó: «¡No, tía! ¡No dejes que el oso se coma al niño!».

«¿Sabes qué?... –dijo un niño impaciente que estaba escuchando una historia tranquila, considerada apropiada para su edad–, que este cuento no me interesará hasta que el suelo esté encharcado de sangre». Después de eso no podemos saber si lo que nos están pidiendo será o no más alarmante de lo que en realidad se imagina el oyente.

Aquí tenemos un poema de James Stephens en el que se pone de manifiesto el gusto de un niño por el sensacionalismo:

A man was sitting underneath a tree
Outside the village, and he asked me
What name was upon this place, and said he
Was never here before. He told a
Lot of stories to me too. His nose was flat.
I asked him how it happened, and he said,

15. El libro favorito de un niño tenía el impactante título de *Nacimiento, vida y muerte de Juana la Loca.*

The first mate of the Mary Ann done that
With a marling-spike one day, but he was dead,
And a jolly lob too, but he'd have gone a long way to have killed him
A gold ring in one ear, and the other was bit off by a crocodile, bedad,
That's what he said: He taught me how to chew.
He was a real nice man. He liked me too.[16]

El gusto por el sensacionalismo de los periódicos y los sucesos de la vida cotidiana, así como escenas espeluznantes en el cine, está tan arraigado que es muy difícil despertar interés por las historias corrientes. No insistiré en los efectos nocivos de un exceso de dramatismo, que, como ya sabemos, puede conducir incluso a la delincuencia. Soy partidaria de evitar cuentos demasiado sensacionalistas antes que sugerir soluciones cuando el mal ya está hecho. Kate Douglas Wiggin afirmó:

> Seamos realistas a toda costa, pero cuidémonos, narradores, de ser excesivamente realistas. Evitemos el cuento escalofriante del niño malísimo que tiraba piedras a los pajaritos, no vaya a ser que algún oyente intente hacer lo propio para asegurarse de que de verdad mata.

Quiero insistir, no obstante, en que lo que rechazo es el exceso de dramatismo. Opino que es necesario un poco de emoción, pero ésta es el aspecto positivo del tema, del que hablaré más adelante.

- *Historias que tratan sobre temas que están fuera de los intereses del niño, a menos que se trate de un misterio.* El trabajo con los niños nos debe enseñar a prescindir de las historias que contengan

16. Un hombre sentado bajo un árbol / a las afueras del pueblo / me preguntó el nombre del lugar / porque nunca había estado aquí. Él también me explicó muchísimas historias. / Tenía la nariz chata / le pregunté qué le había pasado y me dijo / que se lo hizo el primer compañero que tuvo en el Mary Ann / con un punzón, un día / pero ya estaba muerto. / Hubiese estado bien matarlo pero tendría que haber recorrido un largo camino para ello. / Un pendiente de oro le colgaba de una oreja y, en la otra, tenía el mordisco de un cocodrilo. / Me dijo: él me enseñó a morder. / Era un hombre realmente simpático. / Y él también me gustaba.

muchas alusiones a temas que ignoran por completo. Claro que, teniendo en cuenta los relatos que se publican en la actualidad, y que son supuestamente para niños, es difícil entender que ciertas alusiones, o chistes, sólo se puedan comprender si se tiene un conocimiento previo sobre el tema, ya que siempre son desconcertantes y perjudiciales para sostener el interés dramático.

En realidad es una pena que la mayoría de las personas adultas tengamos tan pocos recuerdos de nuestra infancia y no recordemos el punto de vista de los niños ni lo que realmente les gusta. Hay un pasaje en *Duendes*, de Ewing, que ilustra a la perfección la confusión que se crea en la mente del niño en un momento de dramatismo que requiere un tratamiento directo en el que se incluye cierto aire de chiste. Cuando en el cuarto de los niños los juguetes están desordenados, un niño pequeño grita sorprendido:

—¿Por qué tiene el caballito de madera el morro en el horno?

—No lo tiene –responde un doctor graciosillo, más interesado en contar chistes que en seguirle el juego al niño–. Era el más perfecto de los morros griegos, propio de los mármoles del Partenón de la colección Elgin.

Para las personas mayores, se trata de un chiste ocurrente, pero para un niño que aún no conoce las obras de arte griegas ni sabe qué es la colección del conde Elgin, la respuesta es absurda.[17]

- *Historias del temor o la mojigatería.* Éste es un tipo de historia que rara vez aparece en la actualidad y contra la que el maestro no necesita advertencias, pero me gustaría hacer una rápida mención de estos cuentos para completar el tema, al mismo tiempo que para demostrar que hemos conseguido algunos logros en la elección de las temáticas.

Al estudiar la evolución de los cuentos a partir de las narraciones que se han ofrecido a nuestros pequeños en los últimos cien años, me he dado cuenta de que, aunque progresamos poco a poco, el progreso

17. Pero ello no implica que el mismo niño, en el contexto adecuado y con información previa, no sepa apreciar la historia que subyace a la colección de mármoles de Elgin.

es real y está consolidado. Sólo tenemos que tomar libros infantiles de principios de siglo para advertir la diferencia con los actuales. Antes se apelaba al temor o a la mojigatería, y no podemos dejar de preguntarnos cómo es posible que nuestros abuelos y nuestros padres se pudiesen recuperar del trauma que suponía escuchar esos cuentos. Pero tenemos el consuelo de que no les dejó una impresión permanente, aunque creo que eso es posible si se utiliza el tipo de historia adecuado. Analicemos, a continuación, algunos ejemplos de estos cuentos antiguos:

Seguidamente se menciona la conducta que una tal señora Janeway inculcaba a los niños hacia el año 1828:

> ¿Os atreveríais a hacer algo que vuestros padres os hubieran prohibido o a desobedecer alguna de sus órdenes? ¿Os atreveríais a corretear por todas partes el Día del Señor o, por el contrario, os quedaríais en casa leyendo vuestros libros y complaciendo a vuestros padres?

Esta forma de pensar tentaría a más de un niño a envidiar a los huérfanos, que, salvo por los guardianes y la falta de contacto, era bastante parecida.

De *La niña curiosa*, publicado en 1809, extraemos:

> ¡Ay, papá, espero no darte nunca motivos para que no te sientas orgulloso de mí, porque lo que más me gusta es estudiar y nunca disfruto de mis juegos si antes no he cumplido con diligencia con mis obligaciones diarias!
> Adolphus: Qué raro es, papá, que te parezca posible que actúe como un niño, ahora que tengo doce años.

A continuación, mencionamos un extracto tomado de un libro infantil de 1825:

Edward se niega a tomar pan caliente para el desayuno y le preguntan si le gusta:

> —Sí, me encanta.
> —¿Por qué no quieres comerlo?

—Porque sé que mi papá no quiere que lo coma. ¿Voy a desobedecer a mi madre y a mi padre, a los que amo tanto, y a no cumplir con mi obligación sólo porque ahora están lejos? ¡No tocaría ese pan aunque nadie me viese! En mi interior sabría que estaría pecando, y eso es suficiente.

—¡Noble respuesta! –exclamó la señora C.–. Actúa siempre así y serás feliz, porque aunque nadie te elogie como mereces, tendrás la aprobación de tu propia conciencia y eso está por encima de todo.

Aquí tenemos una cita semejante de la señora Sherwood:

Pequeñas criaturitas, desoladas por el sentimiento de culpabilidad porque os comisteis una cucharada de la mermelada sin permiso de mamá... ¿Llorará amargamente la moderna Lucy, con envidia por la muñeca de su hermana Emily, pidiendo perdón por sus culpas? «Sé que está mal enfadarme por el hecho de que Emily sea feliz, pero ¿cómo voy a evitarlo?». Y una madre moderna responderá con sincera alegría: «Cariño mío, me encanta que me lo hayas dicho. Ahora te voy a explicar por qué tienes envidia», y le contará una historia sobre la naturaleza humana que, al ser demasiado compleja para la mente de una niña, sólo podemos imaginarnos que todo acabará con un ataque de histeria juvenil.

Descripción de un niño bueno:

Un niño bueno es sumiso con su papá y con su mamá, obediente con su maestro y amable con sus compañeros. Es aplicado en sus estudios y se esfuerza para mejorar en todo lo que sea digno de elogio. Se levanta temprano por la mañana, se asea, se arregla y reza sus oraciones. Siempre acepta los buenos consejos, da las gracias a los que se los dan y, además, los sigue. Nunca jura ni utiliza palabras indecentes con sus compañeros.[18] Nunca está de mal humor ni se queja, sino que es alegre y optimista.

18. Casi son preferibles las palabrotas inocentes de Marjorie Fleming: «Estaba más tranquila de lo normal y a mí me importaba un pimiento».

- *Historias que contienen un humor exagerado o grosero.* En el capítulo dedicado a la vertiente positiva de este tema, comentaré con detalle el valor pedagógico del humor fuerte y viril, incluso del absurdo, pero mientras tanto, me gustaría subrayar una pequeña advertencia contra el humor exagerado o grosero que se fomenta en algunos cuentos infantiles, en parte porque hay cosas en las que cuesta encontrar el sentido del humor, así como porque el uso anormal del melodrama tiene los mismos resultados que su uso excesivo.

En un artículo publicado en *MacMillan's Magazine* en diciembre de 1869, Yonge afirmó:

> Hay que disuadir del gusto por las payasadas; el gusto exagerado por lo extravagante es nefasto e, incluso, inmoral, porque acaba con el respeto y degenera en grosería. Elimina la existencia de lo verdaderamente poético, de lo imaginativo, nada dulce ni patético puede existir, y se fomenta una especie de sentimiento de superioridad y autosatisfacción cuando se hacen chistes de las cosas que los demás se toman en serio y con sentimiento, de manera que se bloquea el camino hacia el buen gusto.

Aunque estas palabras se escribiesen hace casi medio siglo, se pueden aplicar muy bien en la actualidad y, sinceramente, me parece que seguirán siendo actuales durante cincuenta años más.

En lugar de fomentar en los niños el placer por lo feo y lo brutal, entiendo que deberíamos eliminar de los cuentos infantiles este tipo de elementos tanto como sea posible, en particular entre los niños desfavorecidos. No creo que haya que proteger a los niños del conocimiento del mal, sino que, como la vida ya les enseña este aspecto feo fuera de la escuela, durante las horas lectivas deberíamos ignorarlo. Sin embargo, como mostraré mediante ejemplos cuando trate del aspecto positivo, estaría bien enseñarles, a través de cuentos moralizantes, la diferencia que existe entre la fealdad brutal sin justificación alguna y la fealdad superficial, que suele ser el velo que esconde la verdadera belleza interior en todo cuento. Por ejemplo, podríamos enseñarles la diferencia entre la fealdad real que se lee en los artículos y se ve en las fotos sobre delitos que aparecen en los periódicos sensacionalistas y la fealdad aparente que presenta el rostro angustiado del Laocoonte por la valentía y la resistencia que oculta tras su sufrimiento. Hay muchos cuentos que sirven de ejemplo en relación a este tema.

- *Historias de piedad infantil y escenas en el lecho de muerte.* Los cuentos infantiles de hace cuarenta años contenían este tipo de elementos; los siguientes ejemplos ilustran esta afirmación:

Notas extraídas de los poemas escritos por un niño de entre seis y ocho años de edad, llamado Philip Freeman, más tarde archidiácono de Exeter:

Poor Robin, thou canst fly no more,
Thy joys and sorrows all are over.
Through Life's tempestuous storms thou'st trod,
But now art sunk beneath the sod.
Here lost and gone poor Robin lies,
He trembles, lingers, falls and dies.
He's gone, he's gone, forever lost,
No more of him they now can boast.
Poor Robin's dangers all are past,
He struggled to the very last.
Perhaps he spent a happy Life,
Without much struggle and much strife.[19, 20]

El prolongado pesimismo del tema principal se ilumina con el optimismo especulativo del último verso:

19. Pobre Robin ya no podrás volar más / se acabaron tus alegrías y tus penas. / Has pasado por las tempestuosas tormentas de la vida / y ahora estás bajo tierra. / Aquí yace el pobre Robin / tiembla, agoniza, cae y muere. / Se ha ido, se ha ido para siempre / ya nadie puede presumir de él. / Todo lo malo se acabó ya, para el pobre Robin / pero luchó hasta el final. / Quizás tuvo una vida feliz / sin demasiados problemas ni luchas.

20. Publicado por John Loder, Woodbridge, 1829.

Life, transient Life, is but a dream,
Like Sleep which short doth lengthened seem
Till dawn of day, when the bird's lay
Doth charm the soul's first peeping gleam.
Then farewell to the parting year,
Another's come to Nature dear.
In every place, thy brightening face
Does welcome winter's snowy drear.
Alas! Our time is much mis-spent.
Then we must haste and now repent.
We have a book in wich to look,
For we on Wisdom should be bent.
Should God, the Almighty, King of all,
Before His judgement-seat now call
Us to that place of Joy and Grace
Prepared for us since Adam's fall.[21]

Creo que, sin duda alguna, hemos progresado bastante en este aspecto. No sólo intentamos evitar contar estas historias con tanta moralina, sino que las parodiamos con alegría como ocurre, por ejemplo, en algunos textos como los *Cuentos aleccionadores* de Belloc, que son demasiado macabros para los niños, pero muy divertidos para los adultos.

En la actualidad deberíamos ocuparnos de demostrar a los niños que lo importante no es pensar en morir e ir al cielo, sino vivir y (por así decirlo) ir al colegio, que es la mejor preparación para el futuro, en lugar del morbo de pensar ya en la muerte.

En un artículo firmado por Muriel Harris, creo recordar que extraído del *Tribune*, se trata a la perfección el tema de los libros de los dominicales, donde se decía lo siguiente:

---

21. La vida, la vida que pasa, es como un sueño / como un sueño que se acaba cuando parecía que iba a ser más largo / hasta el amanecer, cuando los pájaros sienten el primer destello del alma. / Entonces desaparece y otro regresa a la querida Naturaleza. / Por todas partes, tu cara iluminada / dará la bienvenida al triste y nevado día de invierno. / ¡Ay, perdemos el tiempo! / Corramos a arrepentirnos. / Tenemos un libro para leerlo / y alcanzar el conocimiento. / Dios Omnipotente, rey de reyes, / nos convocará el día del Juicio a la Gracia y el Regocijo / que nos preparó desde el pecado de Adán.

Los niños verdaderamente buenos morían muy pequeños en los cuentos, de modo que la bondad inusual era fuente de notable angustia para los padres especialmente protectores. Encontré, no hace mucho, un viejo librito titulado *Ejemplos para la juventud.* En la primera hoja, amarillenta ya por los años, estaba escrito con caligrafía infantil dibujada con un gran esfuerzo: «Regalo para Mary Palmer Júnior de parte de su hermana, para que lo lea los domingos», y estaba fechado en el año 1828. Los relatos se habían extraído de un texto llamado *El fomento de la piedad,* y todos empezaban con un ejemplo de piedad fuera de lo común, a una temprana edad, y terminaban en el lecho de muerte del pobre niño, que pronunciaba su postrer palabra.

- *Historias que contengan una mezcla de cuentos de hadas y ciencia.* Con esta combinación, se pierde lo esencial de cada ámbito, es decir, el elemento fantástico, por un lado, y la precisión racional, por otro. Un cuento de hadas auténtico no tiene nada que ver con la verosimilitud; la representación científica debe ser suficientemente maravillosa en sí misma como para no necesitar ayuda de lo sobrenatural. Ambas apelan a la imaginación de manera diferente.

Pero hay excepciones a esta norma, como ocurre en *La abeja y otras historias,* traducida del danés de Evald por C. G. Moore Smith. Existe cierta fuerza en esos cuentos que hablan de las inexorables leyes de la naturaleza. Algunas historias pueden parecer pesadas para los niños, pero serán de interés para los educadores.

Quizás el peor elemento en la elección de cuentos es aquel que insiste en separar los aspectos morales y explicar la historia en sí misma. En *Alicia en el País de las Maravillas*, la Duquesa dice:

—Y la moraleja es: cuida el sentido y el sonido cuidará de sí mismo.

—¡Qué manía con sacar moralejas a todo! –pensó Alicia.

(Éste es el punto de vista de un niño).

El siguiente es un ejemplo extraído de una antigua impresión encontrada en el Museo Británico:

Jane S. volvió a casa con la ropa sucia y las manos arañadas.

—¿Dónde has estado? –preguntó la madre.
—Me he caído por el terraplén que hay junto al molino –respondió Jane–, y me podría haber ahogado si no llega a ser porque el señor M. vino a salvarme.
—¿Y por qué te has acercado tanto al borde?
—Porque había una flor preciosa que me gustaba, y como estaba a un pasito, quise recogerla y me resbalé.

Moraleja: los jovencitos están a un paso de la debilidad moral (¡pobre Jane!), pero caen en terribles pecados que destruyen el alma. Es como un placer inmoral en el que quieren caer voluntariamente. Pueden caer mediante un solo acto pecaminoso (¡el acto horrible de recoger una flor!). Lo hacen y ese acto conduce a otro, y así entran en el camino de la perdición si Dios no lo evita.

Dejando de lado esta historia absurda, tenemos que condenarla desde el punto de vista moral. ¿Alguien se imagina a un dios más miserable que este, capaz de tratar así a los niños?

Hoy en día, un maestro felicitaría a Jane por su apasionado interés por la botánica, aunque también le dedicaría una pequeña charla sobre los peligros de meterse en líos, cerca de un río, para recoger especímenes, así como una sencilla explicación acerca de la inexorable ley de la gravedad.

Aquí tenemos un ejemplo de la aplicación de una moraleja al concluir un cuento, pero hay muchos cuentos en los que no se deja nada al azar y en los que no hay forma de que el niño utilice su ingenuidad o imaginación para entender el significado por sí mismo.

Henry Morley ha criticado el uso de este método aplicado a los cuentos de hadas: «La moraleja en un cuento de hadas es como el ronquido de Bottom en el regazo de Titania».

Pero, a mi entender, la moraleja debería estar en todos los cuentos, en especial cuando los utilizamos para enseñar algo.

John Burroughs defiende en su artículo *No predicarás:*[22]

> La ficción didáctica nunca puede ocupar un lugar muy alto. No predicarás ni darás lecciones; retratarás y crearás, tendrás objetivos de universales como la naturaleza... Lo que el arte exige es que las convicciones y conocimientos del artista, lo que le gusta y lo que le disgusta, no lo coarten; que el bien y el mal se juzguen en su obra bajo la lógica de los acontecimientos, como ocurre en la naturaleza, y no bajo argumentos personales. No debe tomar parte por nada ni por nadie; ejemplifica el trabajo de la energía creativa... Un artista de verdad trabaja en, a través y desde ideas morales; su trabajo es, indirectamente, crítico con la vida. Es moral sin tener moralidad.
>
> En el momento en que la moral se impone a sí misma, en ese instante preciso, el artista empieza a perder la gracia del artista... Lo que en realidad hace al Arte distinto es que su finalidad consiste en percibir la vida poco a poco y en su totalidad... Se permite un solo punto de vista, a través del cual el mundo aparece armonioso y completo.

De este pasaje se desprende que hay una importancia moral en hacer que las cosas sean espectaculares.

En el *Juego de Madre* de Froebel se demuestra el valor pedagógico de los cuentos, insistiendo en que su mayor utilidad es la capacidad para hacer que, a través de la sugestión, el niño se forme una idea noble y pura de lo que debe ser o hacer un ser humano. Cuando se impone una moral contra su propia naturaleza, se está ofendiendo la sensibilidad infantil, pero si la asimila de manera inconsciente, recibe su influencia para siempre. Opino que resaltar la moral de un cuento es tan absurdo como pegar una flor a un tallo en lugar de dejar que florezca sola, como lo hace la naturaleza. En el primer caso, la flor, vistosa y espectacular durante un momento, se marchitará enseguida. En el segundo caso, se va desarrollando poco a poco hasta que alcanza la perfección y la plenitud durante el período de tiempo que tiene de vida.

---

22. De *Valores Literarios.*

Por último, hay que evitar cualquier elemento que suscite emociones que no se puedan traducir en actos.

Earl Barnes, con quien todos los maestros estamos en deuda por sus inspirados principios educativos, insiste mucho en este punto. El único efecto que produce ese tipo de cuentos tan emotivos es una forma de histeria, por suerte efímera, que provoca un desgaste de energía que podría tener mejor salida en otro canal.[23] Esos cuentos son tan fáciles de reconocer que no merece la pena enumerarlos, pero aludiré a ellos más adelante cuando presente el tema de las vidas de los santos.

Hasta aquí hemos mencionado los elementos que deberían evitarse en la selección de un material apropiado para los niños. Podríamos añadir más detalles, y la particular tendencia de cada época y momento hará necesario que se descarten unos cuentos en lugar de otros, pero este tema corresponde a otra generación de padres y educadores.

23. Mientras Confucio estaba en un entierro, regaló su caballo al principal doliente. Cuando le preguntaron por qué había regalado su caballo, dijo: «He estado llorando con este hombre, así que tendré que hacer algo por él».

CAPÍTULO 5

ELEMENTOS QUE HAY QUE INCORPORAR EN LA SELECCIÓN DEL MATERIAL

En su *Selección de libros*, Frederic Harrison afirmó: «Lo realmente útil para la lectura es saber qué es lo que no vamos a leer, qué escogeremos de la frondosa selva de información para conseguir un conocimiento fructífero».

Del mismo modo, esta afirmación puede aplicarse a los cuentos y, tras haber tratado en el capítulo anterior de «escoger lo que me interesa de la espesa selva», eliminando una buena cantidad de elementos indeseados, sugeriré cuál puede ser el mejor tipo de semilla para sembrar en el camino que he «abierto en dicha selva».

De nuevo, repito, no pretendo ser dogmática, y cuando ofrezco sugerencias sobre los cuentos que deben contarse, me estoy refiriendo siempre a un grupo de alumnos comunes y corrientes. La lista de temas que propongo no pretende abarcar todas las necesidades de todos los niños y, al igual que excluí a los pequeños que se salen de lo habitual cuando abordé los temas que deben evitarse, también aquí los excluyo de una limitada oferta de temas, porque se les pueden ofrecer casi todos, en especial si establecemos una estrecha relación con los niños hasta el punto de permitirnos conocer su nivel de aprehensión. En este sentido, la edad no es significativa; lo importante es el grado de desarrollo que hayan adquirido.

La experiencia me ha enseñado que, en un grupo de niños corrientes, el cuento adecuado, con independencia de su edad, debe contener referencias a las condiciones de vida a las que los pequeños están acostumbrados. La razón está clara: sólo podemos llegar al niño a través de la limitada experiencia que tiene, hasta que su imaginación despierte y sea capaz de comprender, mediante dicha facultad, lo que aún no ha llegado a experimentar en su vida real. Antes de que aparezca esa capacidad imaginativa, el niño entra en el mundo de la ficción de los cuentos comparándolos con su experiencia personal. Cada relato y cada elemento cobran más importancia para él, a medida que aumenta la experiencia y sus ámbitos de interés varían, evidentemente, junto con el temperamento de cada cual, la velocidad de percepción, la capacidad de visualización y la concentración.

En *La hija del rey del pantano*, Hans Christian Andersen afirma:

> Las cigüeñas saben muchísimos cuentos sobre los pantanos y las ciénagas, que narran a sus pequeños. Los adaptan a su edad y a su capacidad. Los más pequeños se lo pasan bomba con los trabalenguas y los disparates, pero los mayores prefieren cosas que tengan sentido.

Uno de los experimentos más interesantes que se pueden llevar a cabo con respecto a este tema es contarle el mismo cuento a un niño a intervalos de un año o seis meses.[24] Los diversos episodios de la narración que le llamen la atención (y aquí hay que estar muy atento para comprobar que su interés sea auténtico y no esté mediatizado por ninguna sugerencia nuestra) encuadrarán su desarrollo mental y el paulatino despertar de su imaginación. Este experimento es, ciertamente, delicado y, por supuesto, no es infalible porque los niños suelen ser bastante reservados y corremos el riesgo de estimular sus apreciaciones de algún modo (inconscientemente) o de que éstas permanezcan ocultas por timidez. No obstante, y a pesar de todo, es un experimento muy interesante y de mucha utilidad.

---

24. Este experimento no se puede realizar en grupo, por razones que no es preciso comentar.

Para poner un ejemplo concreto: supongamos que le contamos el cuento de Andersen *El soldadito de plomo* a un niño de cinco o seis años, más o menos. Durante la primera narración, el elemento que más le interesará al niño será la disposición de los soldados en la mesa, porque es algo que entiende muy bien gracias a su propia experiencia en su habitación. Ésta es una atracción normal hacia las condiciones a las que está acostumbrado y, para ello, no necesita ayuda de la imaginación, a no ser que, como Queyrat, creamos que la memoria es un tipo de imaginación retrospectiva.

El siguiente punto por el que se interesará es el comportamiento poco habitual de los soldaditos, aunque el ambiente le siga resultando un tanto familiar; es decir, ve que se producen actividades poco corrientes en el ámbito habitual del niño, que es su habitación.

Cito textualmente:

> Por la noche, se colocó a los demás soldados en su caja y los habitantes de la casa se fueron a la cama. En ese momento, los otros juguetes se pusieron a jugar entre sí; se divertían jugando a las visitas, a hacer batallas o a la pelota. Los soldaditos de plomo refunfuñaban dentro de su caja porque ellos también querían jugar, pero no lograban levantar la tapa. El cascanueces daba volteretas y el lápiz garabateaba barbaridades en la pizarra.

A partir de aquí, los hechos de la historia estarán alejados de la experiencia personal del niño, y éste tendrá que hacer un verdadero esfuerzo de imaginación para captar las apasionantes aventuras del soldadito: cómo lo arrastró la corriente al caer de un puente, su encuentro con la rata malvada que le exigía el pasaporte, la horrible sensación que experimentó en la tripa del pez... Después de todo, es posible que comprenda las cualidades del héroe: la modestia, la dignidad, la reserva, el valor y la perseverancia. Parece que conjuga las características del buen soldado con las del ciudadano ejemplar, aunque carece de aquellas que suelen llamar la atención en primer lugar. En lo relativo a la historia de amor que se presenta en este cuento, no podemos esperar que ningún niño capte su belleza, su ternura, aunque algún pequeño especialmente maduro logre comprenderla, pero no es éste nuestro objetivo en este período infantil.

Este método se puede aplicar a otros cuentos. Yo he elegido *El soldadito de plomo* por sus cualidades dramáticas y porque recorre diferentes etapas que entiendo se corresponden con el desarrollo del niño, de lo cual Andersen tal vez no fuera consciente.

En el exquisito poema de Eugene Field *El pajarito*, encontramos objetos familiares para el niño que se sitúan en lugares poco habituales y que, por tanto, requieren cierto grado de imaginación para comprender que «las gominolas gordas y rojas se aferraban a los acantilados cercanos al mar». La introducción del fantástico pajarito y el dulce sonido de las hojas del árbol son sensaciones nuevas y encantadoras que están todavía muy lejos de la experiencia personal del niño.

Encontramos otro buen ejemplo en W. K. Clifford y su cuento *El amo Willie*. El extraño comportamiento de objetos conocidos, como una muñeca, nos transporta desde la rutina cotidiana al camino de la aventura. Esta historia pertenece a un libro llamado *Historias muy breves*, de sumo interés para profesores y para niños.

Vamos ahora con un segundo elemento que tendremos que buscar en nuestra selección de materiales, como lo inusual, que ya hemos mencionado en la historia del soldadito de plomo.

La inclusión de este elemento responde a la solicitud del niño que expresa las necesidades de sus compañeros de juegos diciendo: «Quiero ir al sitio en que las sombras se hacen realidad». Ésta es una definición perfecta del mundo imaginario y concuerda con el primer signo de desarrollo mental real, que se produce en el niño cuando ya no le satisface su experiencia personal tan limitada, cuando empieza a percibir sonidos diferentes a los del lenguaje habitual y cuando comienza a separar su propia personalidad de la acción que se desarrolla en la historia.

George Goschen afirma:

> Lo que yo quiero para los jóvenes son libros y cuentos que no se limiten a tratar de la vida cotidiana. Quiero que la fantasía, incluso la de los más chiquitines, se alimente de más que de sus pequeñas vidas, y confieso que me dan pena los niños a los que no se les estimula la imaginación con cuentos de hadas bonitos

> que los transporten a mundos diferentes de lo que en realidad verán a lo largo de sus vidas... Creo sinceramente que lo que les aleja de la rutina es mejor que lo que los ata a ella a toda costa.[25]

Como es tan valioso que el niño salga de los estrechos límites de su existencia, rechazo las tontas historias de los internados escritas para niñas, los artificiosos cuentos de los colegios privados para chicos. ¿Por qué no podemos ofrecerles un marco dramático más amplio? No hay noticia sobre un partido de críquet o una victoria en el fútbol que llame más la atención de chicos y chicas que la siguiente descripción, perteneciente a *Los héroes de Asgaard*:

> Era el patio de recreo de Aesir, en el cual se practicaban diferentes pruebas de habilidad y se hacían concursos e imitaciones. Estas últimas estaban organizadas y dirigidas caballerosa y honorablemente, ya que la ley principal de Peacestead era que no debía producirse violencia alguna ni palabras ofensivas sobre ese sagrado campo.

Por mi parte, incluiría, sin duda alguna, un gran número de aventuras en las historias para niños y niñas, aunque sean menores de doce años.

La señorita Sewell comenta:

> El sistema que mantiene a las niñas recluidas en las aulas, leyendo historias bobas en lugar de leer las de Scott, Shakespeare y Spenser, para mandarlas a un rincón de la Biblioteca Ambulante, es lo más frívolo que me puedo imaginar.

Esta autora afirma, de acuerdo con su experiencia, que es muy beneficioso leer una buena novela, sobre todo si es romántica, a los doce o los catorce años.

En la actualidad, la mayoría de los niños de primaria extrae su primera idea sobre el amor, si es que podemos llamarlo así, de las vulgares

---

25. Conferencia sobre *El cultivo de la imaginación.*

imágenes que ven en los escaparates de las tiendas, de los chistes sobre las parejas que se publican en los periódicos más horrendos y de las sentencias de los tribunales de divorcios.

¡Qué mejor antídoto para este tipo de influencias que el que nos ofrecen las historias de amor de Héctor y Andrómaca, Sigfrido y Brunilda, Dido y Eneas, u Orfeo y Eurídice…!

Uno de los elementos fundamentales, que hay que introducir en los cuentos infantiles de todas las edades, es todo lo que inspire amor por lo hermoso. Y la belleza se debe destacar no sólo en tanto que cualidad propia de héroes y heroínas, sino también en cuanto al lenguaje y la forma.

En lo que respecta a éstos, las historias de la Biblia resultan de inestimable valor, más aún si el niño está familiarizado con los temas que se abordan, y los relatos cobrarán un significado nuevo y distinto si comparamos la narración poética con su simple lectura. La cuestión de si debemos ser más o menos fieles al texto es una decisión personal que se debe tomar de acuerdo con la experiencia de cada cual. El profesor R. G. Moulton, cuyas interpretaciones de los relatos de la Biblia son muy bien conocidas tanto en Inglaterra como en Estados Unidos, no siempre se limita a reproducir literalmente el texto, sino que reúne los elementos dramáticos, eliminando lo que, a su modo de ver, rompe el ritmo de la historia, aunque conserva el lenguaje real cuando le parece que será más efectivo. Los que le han escuchado entenderán el éxito de su método.

A este respecto, hay un episodio de la Biblia que puede ser narrado sin necesidad de modificar el texto original, siempre que se hagan unas pequeñas aclaraciones previas. Me refiero a la historia de Nabucodonosor y el ídolo de oro. Entiendo que es necesario, si pretendemos que los niños puedan imaginarse la historia, que tengan una idea previa de las dimensiones del ídolo y del espacio que ocupaba en la llanura en la que se encontraba. Sería útil compararlo con algún edificio que los niños conozcan. En Londres, su altura se podría comparar con la de la abadía de Westminster, por ejemplo. Pero yo introduciría un pequeño cambio en el texto, que puede ser la omisión de la interminable lista de monarcas e instrumentos musicales. Soy consciente de que sacrifico parte de la belleza de la rima, pero también evito que se pierda el interés. La primera vez que se anuncia el heraldo, debe hacerse en voz muy alta, clara e inexpresiva, como lo haría el heraldo mismo dirigiéndose a un gran número de personas en una amplia explanada, reservando el tono de voz dramático para el pasaje en el que Nabucodonosor repite el anuncio ante los tres hombres. Recuerdo al profesor Moulton cuando decía que todo el interés dramático de la obra se resumía en las siguientes palabras: «Pero si no…». Esta sugerencia es de gran utilidad porque permite ir progresando hasta alcanzar esas palabras de retractación de Nabucodonosor.

En esta línea, sería interesante introducir de manera esporádica algún ejemplo de buena poesía durante la sesión de narración, ya que, cuando se recita de forma dramática (pero no melodramática), ofrece a los niños su primera forma de amor por lo bello en forma de verso, hecho para el que creo que no es necesario esperar mucho. Incluso un niño de siete años, sin que esta edad resulte arbitraria, apreciará el efecto que producen, aunque sólo sea en el oído, unas líneas bellamente dispuestas y recitadas. Mahoma afirmó en una ocasión:

> Enseñad poesía a vuestros hijos, pues abre la mente, otorga gracia a la sabiduría y hace hereditarias las virtudes heroicas.

Para comenzar con los más pequeños, presentaré a continuación un poema que contiene una pequeña historia con la que se puede despertar el interés humano:

MILKING-TIME

When the cows como heme, the milk is cominng;
Honey's made when the bees are humming.
Duck, drake on the rushy lake
And the deer live safe in the breezy brake,
And timid, funny, pert little bunny
Winks his nose, and sits all sunny.[26]

Christina Rossetti

---

26. La hora de la leche / Kuando las vacas vuelven a kasa llega la leche. / La miel sale kuando las abejas zumbannn. / El pato nada en el lago lagoso / y el ciervo en el bosque boscoso / y el conejito tímido y divertido / menea la nariz y se sienta al solecito. (*N. de la T.*: La traducción no se corresponde exactamente con el original pero refleja la intención del poeta).

Si se compara este poema con algunos versos bobalicones que se enseña a los niños, se observa la cuidadosa elección del lenguaje. En este caso, a pesar de la sencillez del poema, no aparece un vocabulario limitado y ridículo, ni se fuerza la rima, ni contiene una moralina que obligue a la artista a sacrificar la gracia.

En *La Dama de la calle Hushaby*, de Eugene Field, el lenguaje es también sencillo y el niño se siente atraído por la belleza del sonido.

Cuando escuché recitar algunos pasajes poéticos a un grupo de alumnos de la escuela infantil de Shefield, me pareció una buena forma de evitar que sus vidas se volviesen prosaicas, y por eso creo que estaría bien que estas prácticas fuesen más habituales en las escuelas. Cosas de este tipo se pueden aplicar a los niños, y no supone ningún problema. Como profesora en Londres, y según mi propia experiencia, recuerdo haber llevado a cabo actividades parecidas leyendo o recitando pasajes de Milton y Shakespeare con niños de entre nueve y once años de edad; los pequeños respondían con entusiasmo, e incluso se aprendían las obras de memoria. Los pasajes de Milton que hemos trabajado van desde *La Canción del Eco, Sabrina, Volved pastores, Comus, Una mañana de mayo, Oda a Shakespeare, Sansón,* etc. Incluso me he aventurado con algunos fragmentos de *El paraíso perdido* y he descubierto que uno de los favoritos de los niños es *Ya llegó la noche*.

Pero me resultó incluso más fácil conseguir que se interesaran por Shakespeare, y aprendieron con rapidez y facilidad fragmentos de las obras *Como gustéis, El mercader de Venecia, Julio César, Ricardo II, Enrique IV* y *Enrique V.*

El método que yo recomendaría para introducir a ambos poetas de vez en cuando consiste en seleccionar tres tipos de texto: primero, escoger pasajes que atraigan por la belleza de los sonidos o por las imágenes evocadas por dichos sonidos, como por ejemplo, *Dime dónde nace la Fantasía, La nana de Titania* o *Cómo reposa la luz de la luna en esta orilla.* Segundo, elegir pasajes cuyo contenido sea realmente interesante, como, por ejemplo, la escena del juicio en *El mercader de Venecia* o la escena del bosque en *Como gustéis.* Y, tercero, obras de interés histórico o dramático, como *A veces los hombres son dueños de sus destinos*, el discurso completo de Marco Antonio y la escena de Imogeno y sus hermanos adoptivos en el bosque.

No está del todo fuera de lugar añadir que los niños se aprendieron y recitaron los pasajes por sí solos y que yo les di algunas directrices, como hago con todos los narradores. Discutí abiertamente con ellos sobre el método que me parecía más adecuado, haciéndoles ver que la sencillez en la exposición resulta más bonita y efectiva. Así, al cabo de unos meses, empezaron a darse cuenta de que la declamación por sí sola carece de fuerza y que el trabajo que no se ve es mucho más importante que la representación externa.

Los animé a que se criticaran los unos a los otros por el bien común, y en algunas ocasiones les leía algunas líneas con demasiado énfasis o con el gesto exagerado, para que, con completa libertad, pudieran identificar los errores en los que no debían caer.

Hay excelentes poemas que se pueden utilizar con este propósito: la serie *Song and Story*, de P. A. Barnett, publicada por Adam Black, y *The posy ring*, seleccionada y clasificada por Kate Douglas Wiggin y Nora Archibald Smith, publicada por Doubleday. Para niños mayores tenemos: *The call of the homeland*, seleccionada por el doctor R. P. Scott y Katharine T. Wallas y publicada por Blackie, y *Golden numbers*, seleccionada y clasificada por Kate Douglas Wiggin y Nora Archibald Smith, publicada por Doubleday.

En mi opinión, es importante disponer de un buen número de cuentos que sirvan para ilustrar la importancia del sentido común y del ingenio.

Por este motivo, considero que los cuentos que tratan sobre el éxito final del hijo pequeño[27] son admirables para este propósito, dado que el benjamín al que al principio se considera inferior a los demás hermanos, al final triunfa gracias a su ingenio, a su sensatez o a alguna cualidad como el amor por los animales y la naturaleza, la valentía para superar las dificultades, etc.

Así, tenemos la historia de la Cenicienta. Algún cínico pensará que consiguió el éxito gracias a un pie diminuto. Los niños, sin embargo, no encuentran ventaja alguna en esta característica, sino en el hecho de que, sin destacar lo más mínimo, la Cenicienta supo ser paciente, amable e indulgente con sus hermanastras. Obedeció estrictamente a

27. Un ejemplo de este triunfo se ve en *La Casita del Bosque de Grimm.*

su hada madrina y, por eso mismo, salió corriendo del baile, momento en que empezó su triunfo.

Habrá quien opine que en la vida real esas virtudes no se recompensan y que se sufren como obligaciones desagradables, pero aquí se trata de cuentos y hay que aprender a confiar en la justicia poética de los cuentos de hadas, a pesar de que el niño pueda sentirse confundido por la aparente contradicción.

Otra historia de este tipo es *Jesper and the Hares.* Aquí no es el ingenio el que ayuda al héroe, sino la bondad de corazón, que le incita a socorrer a las hormigas y a mostrarse amable con la anciana sin esperar beneficio alguno por ello. Al final, gana por su propio ingenio e iniciativa, y si nos preguntamos cómo puede su astucia dar tan maravillosos resultados, recordemos que el objetivo consistía en conquistar a la princesa, y tuvo pocas opciones. Me parece que el final de esta historia es uno de los más destacables que he encontrado a lo largo de tantos años dedicados al estudio de los cuentos de hadas y sugeriría que, al llegar a él, nos detuviésemos en las palabras «el cubo está lleno», porque si se le añadiese algo más se destruiría la sutileza de la historia.[28]

Otra historia similar, admirable para niños de seis años o más, es *Lo que hace el padre bien hecho está*. Aquí, la falta de sentido común del protagonista es más una advertencia que un ejemplo, pero la conducta de su mujer al excusar las burradas de su marido es un modelo de resolución.

En el cuento *Hereafter-this*[29] ocurre todo lo contrario: una esposa totalmente estúpida, protegida por un marido paciente, cuya tolerancia y sensatez salvan la situación.

Uno de los elementos más importantes que se deben tener en cuenta a la hora de escoger cuentos es todo lo que permita desarrollar, con el paso del tiempo, el sentido del humor en el niño. Utilizo a propósito la expresión «con el paso del tiempo», porque, para alcanzar el sentido del humor hay que pasar diversas etapas y no podemos esperar que todo niño sea capaz de apreciar el humor más refinado. Parece que la hiperactividad fuese un comportamiento normal y saludable por el que el niño tuviese que pasar de manera obligatoria, aunque no hay necesidad alguna de alargar más de lo necesario este período de diversión desen-

28. En *El libro violeta de las hadas*, de Andrew Lang.

29. En *Más cuentos de hadas ingleses*, de Jacob.

frenada; además, a pesar de que no podamos controlar la permisividad en casa, sí podemos sentir atracción por los disparates dentro del aula. Evidentemente, la tentación es fuerte, porque se capta su interés con facilidad, pero existe el acuerdo tácito de que las payasadas y las bromas, en sí mismas, no se consideran parte fundamental de la educación del niño. Este extremo se ve con claridad en la actitud ambivalente de los educadores más vanguardistas en relación a algunos temas, como el *bullying*, los deberes excesivos, etc. Por eso, frente al juego fácil, podemos emplear una serie de cuentos que apelen a elementos sutiles. En el capítulo dedicado a las dudas de los profesores, trataré este tema con más profundidad y hablaré del valor educativo del humor refinado de algunos cuentos.

En un momento determinado se deben presentar historias de supersticiones que entroncan con la historia primitiva de la cultura o de la etnia a través de cuentos que traten sobre hadas, gigantes, elfos, gnomos y duendes, entre otros. Andrew Lang afirma al respecto:

> Sin nuestros ancestros salvajes, no hubiésemos tenido poesía. Imaginemos que la raza humana hubiese aparecido en la historia de la evolución tal como somos ahora, sopesando, analizando y racionalizándolo todo. Una especie así carecería por completo de poesía y estaría saturada por una lógica aplastante. Fueron nuestros ancestros bárbaros los que hicieron que el mundo soñara.

Pero el debate realmente encendido entre educadores es en qué momento concreto de la vida del niño se le debe presentar este tipo de relatos. Yo, personalmente, antes creía que debían introducirse a la más temprana edad posible, porque dichas historias pertenecen a la edad más primitiva de la especie, pero la experiencia contando cuentos me ha enseñado a transigir.

Algunas personas sostienen que a los niños pequeños, que suelen acceder a la realidad mediante una lógica abrumadora, no se les puede narrar cuentos de hadas desde un punto de vista sobrenatural; en cambio, si se los contamos a los niños mayores, serán objeto de críticas, catalogaciones y acabarán siendo rechazados o bien creídos con una seriedad espeluznante.

Si bien es cierto que concedo cierto valor a este punto de vista, debo admitir que si regulamos por completo los cuentos en función de estos criterios, se pierde el valor real de los cuentos de hadas, que es conseguir, simplemente, que los niños se maravillen, porque en ellos no cabe análisis científico alguno. Me estreso sólo con pensar que *Juan y la habichuela mágica*, como otras historias parecidas, se cuente a jovencitos de espíritu crítico, los cuales rechazarán el rápido crecimiento de la planta como algo contrario a las leyes de la naturaleza y se preguntarán por qué Juan no jugaba un partido de fútbol con el equipo del cole en lugar de trepar por plantas mutantes en busca de aventuras imaginarias.

Encontramos una encantadora justificación para contar a los niños leyendas antiguas en la alegoría india *La mansión en llamas*, que presento a continuación:

> Un anciano poseía una enorme mansión enmarañada como un laberinto. Los pilares estaban carcomidos, las galerías en ruinas, el tejado de paja totalmente seco y con peligro de incendio; además, sólo tenía una puerta. Un día, de repente, el anciano advirtió olor a humo y salió corriendo a la calle. Horrorizado, vio que el tejado estaba en llamas, los pilares se derrumbaban uno tras otro y el techo se consumía como la yesca por el fuego devastador. Pero, en el interior, los niños seguían jugando felizmente. El angustiado padre pensó: «Correré y salvaré a mis hijos. Los agarraré con mis fuertes brazos y los rescataré de las llamas». Entonces se le ocurrió la triste idea de que los niños retozaban alegres ignorando el drama. «Si les digo que la casa se está quemando no entenderán nada; si entro a rescatarlos, pensarán que estoy jugando y tratarán de escaparse. ¡No tengo tiempo que perder!». De repente, un pensamiento fugaz iluminó la mente del anciano. «Mis hijos no saben nada –pensó– y les encantan los juguetes espectaculares. Les prometeré juguetes maravillosos y entonces me prestarán atención».
>
> Así que el señor se puso a gritar: «¡Niños, salid de la casa y veréis qué juguetes más increíbles: carros tirados por bueyes blancos, repletos de oro y oropeles! ¡Mirad estos pequeños antílopes!

¿Quién ha visto tantas cabras juntas? ¡Niños, niños, venid rápido antes de que se marchen!».

Los niños salieron veloces de entre las llamas. La palabra «juguetes» fue casi la única que lograron entender. Entonces, el padre, feliz de que sus retoños estuviesen a salvo, les consiguió uno de los carros más maravillosos de los que se puedan imaginar. Tenía un baldaquín como el de una pagoda, barandillas muy pequeñas y guirnaldas de campanillas. Tiraban de él bueyes más blancos que la leche. Los niños se quedaron atónitos cuando subieron a él.[30]

Quizá sería preferible contar cuentos bonitos a los niños más pequeños y dejar las historias horripilantes, como la de *Barba Azul*, para chicos más creciditos.

Una costumbre moderna, que me parece horrorosa, consiste en cambiar el final de un cuento para evitar que el niño se asuste, algo que a mí me resulta intolerable, porque de este modo estamos atentando contra la cultura y el folclore, además de crear confusión en las fases de desarrollo.

Ciertamente, hay unos pocos niños de corta edad que se pueden asustar con cuentos como el de *Caperucita Roja*. En ese caso, es mejor sacrificar «el momento apropiado» y contarles el cuento cuando sean más mayores. Vivo con el temor de encontrarme, el día menos pensado, con una versión «censurada» de *Barba Azul*, adaptada para niños pequeños y en la que, para que el final sea políticamente correcto, todas las esposas resuciten, «vivan felices y coman perdices» junto a Barba Azul y a todos los demás.

A partir de aquí, parece que es fácil la transición a las leyendas de diferentes tipos. Algunas leyendas de mi país sobre las flores son muy atractivas para los niños, y siempre que no invadamos el sagrado ámbito de los estudios naturales, podemos utilizar los cuentos de este tipo de una manera moderada (mencionaré algunos más adelante).

Con respecto a la inclusión de las vidas de santos en el currículum escolar, entiendo que lo inusual es el elemento clave, así como el misticismo y la maravilla que encierran y que sirven como antídoto contra

30. De *Tabhagata.*

la vida prosaica y consumista en la que vivimos. Aunque la mayoría de episodios de la vida de santos parezca que tiene una tendencia morbosa hacia el autosacrificio, ninguno se dedicó, por lo menos, a hacerse rico: sus ideales eran elevados y desinteresados, su valentía, fuera de lo común, y sus hazañas, nobles. Hay que tener sumo cuidado en la elección de historias, para destacar las virtudes y no insistir en detalles escabrosos como los martirios o en la permanente recurrencia a los milagros, excepto que pretendamos frustrar nuestro principal objetivo. De lo contrario, los niños se vuelven insensibles a los peligros a los que están expuestos los santos si les parece que siempre se libran del drama en el último momento, aunque sean valientes para enfrentarse a él. Por estas razones, y por muchas otras, evitaría las detalladas vidas de santa Juliana, san Vicente, san Quintín, san Eustaquio, san Winifredo, san Teodoro, san Jaime de More, santa Catalina, san Cutberto, san Pedro de Milán, san Quirino y santa Julieta, san Albano, etc.

Contar a los niños historias sobre conversiones repentinas comporta el peligro de que concedan demasiada importancia al proceso en sí mismo y no al objetivo de la conversión. Insistamos en los actos piadosos que tienen lugar tras una conversión real y no en los detalles de conversión; por ejemplo, en el bello y poético trabajo que llevó a cabo san Cristóbal cuando descubrió su vocación.

Además, muchas historias de santos están relacionadas con actos y motivaciones que apelarán a la imaginación, pero que no siempre son realmente ejemplarizantes porque no se pueden reproducir, aunque no sean del todo ajenos a la vida del niño.[31]

Tras protestar por las bromas gratuitas y el excesivo uso de la diversión, ahora intentaré restablecer cierto equilibrio sugiriendo que en el currículum escolar se incluyan historias completamente grotescas que sirvan para equilibrar la sensiblería y el utilitarismo. Sin embargo, siempre deben presentarse como disparates, y tiene que quedar patente que se trata de burradas, de forma que el niño las utilice para lo que se pretende: la relajación pura y simple.

Un ejemplo de cuentos de este tipo es *El lobo y los siete cabritillos,* que yo narro con mi propia versión tanto a niños como a adultos. Al-

31. Las historias recopiladas bajo el título de *Vidas de Santos* presentan una selección apropiada para este objetivo.

gunos educadores y personas relacionadas con la docencia tienen serias objeciones con respecto a la venganza de la cabra contra el lobo; sin embargo, yo me inclino a pensar que, aunque este cuento debe tomarse como un divertido disparate, tampoco sería creíble que la cabra sintiera la menor simpatía hacia el lobo que se ha comido a sus seis hijos. El hecho de que se abra al lobo en canal no implica que haya que regodearse en la acción misma. Si se narra sin regodearse en los detalles, con rapidez, por lo general los niños lo aceptan, del mismo modo que también aceptan que se le corte la cabeza a un gigante, porque no lo asocian con una dolorosa tragedia real, sobre todo si el episodio se presenta con sentido del humor. El momento culminante con el que más se identifican es cuando el lobo se come a los cabritillos, porque perciben el peligro real de los pequeños cuando su madre no está con ellos (obviamente, nunca subrayo la desobediencia de los cabritillos al abrir la puerta de la cabaña). Ése es, siempre, un momento de expectación, incluso en un público adulto, cuando el lobo devora a los cabritillos; también lo es el momento en el que los recuperan «sanos y salvos y todos juntitos», que es celebrado con mucha alegría por parte de los niños.

No siempre he sido capaz de convencer a los maestros de que este cuento hay que tomárselo de manera superficial. Al acabar uno de los cuentos, una estudiante muy formal se acercó a mí y me dijo con temor: «¿Usted relaciona las cosas?». Tras recuperarme del susto que me produjo semejante palabra le dije que, por lo general, prefería mantener este cuento al margen de otras enseñanzas, como un paquete individual, porque por sí mismo produce unos efectos concretos. Frunció el ceño con disgusto y dijo: «Pues me sabe mal, porque pensé en tomar la cabra para mi clase de ciencias naturales y contar su historia al final». Reflexioné sobre la desafortunada confusión que se puede producir en la mente del niño entre su deseo consciente de ser lógico y preciso y la diversión dramática que suponen la costumbre nada habitual de una cabra que sale de casa con tijeras, aguja e hilo; desde entonces, he tenido mucho cuidado y he rechazado cualquier nexo entre las ciencias naturales y algunos de los cuentos de mi repertorio.

En algunas ocasiones es posible incluir algunas de las rimas de *Nonsense,* de Edward Lear, como, por ejemplo:

There was an old man of Cape Horn
Who wished he had never been born.
So he sat in a chair
Till he died of despair,
That dolorous old man of Cape Horn.[32]

Salvo que se trate de niños muy pequeños, este ejemplo no se podría tomar en serio. Hasta los niños menos sensibles son capaces de reconocer el tremendo pesimismo que impide a un viejecito intentar levantarse de su silla.

A continuación, muestro un poema que un niño de tan sólo cinco años recitó con una intensa emoción y una gran fuerza dramática:

There was an old man who said: «Hush!
I perceive a young bird in that bush».
When they said: «Is it small?»
He replied: «Not at all.
It is four times as large as the bush».[33, 34]

Uno de los elementos interesantes que se puede introducir en los cuentos es el que fomenta el amor por los animales, cosa sencilla con niños muy pequeños, porque, durante los primeros años de vida en que la mente no está repleta de datos, la imaginación les permite adentrarse en los sentimientos de los animales. Andersen propone un ejemplo al respecto en su obra *La reina de las nieves*:

Los niños que aún no saben hablar pueden entender el lenguaje de las aves y los patos; y los gatos y los perros les hablan con tanta claridad como su padre y su madre; pero sólo ocurre cuando los niños son muy pequeños, cuando incluso el bastón del abuelo se convierte en un caballito perfecto, capaz de relinchar y tener,

---

32 Había un viejecito de Cabo de Hornos / que deseó no haber nacido nunca. / Así que se sentó en un silla / hasta que murió de desesperanza. / Pobre viejecito de Cabo de Hornos.

33. Había un viejecito que dijo «¡Silencio! / Noto un pajarito en ese arbusto». / Cuando le preguntaron «¿Es chiquitín?», / replicó: «Para nada. Es cuatro veces más grande que el arbusto».

34. Este tema tiene una adaptación musical, que ha realizado Margaret Ruthven Lang.

a sus ojos, patas y cola. Este período se produce antes en unos niños que en otros. Los que más tardan suelen considerarse un poco atrasados en cuanto a maduración y pensamos que serán niños durante demasiado tiempo. La gente tiene la costumbre de decir cosas muy extrañas.

Félix Adler defiende:

Quizás la principal atracción de los cuentos de hadas resida en que presenta al niño como si viviese en fraternal armonía con la naturaleza y sus criaturas. Los árboles, las flores, los animales –tanto salvajes como domésticos–, e incluso las estrellas... se presentan como camaradas de los niños. El hecho de que los animales sólo sean seres humanos disfrazados es un axioma de los cuentos de hadas. Los animales se humanizan, es decir, se percibe la afinidad entre la vida animal y la humana, lo cual recuerda las interpretaciones animistas de la naturaleza, que, poco a poco, nos han llevado a las doctrinas de la metempsicosis.[35]

Creo que, sin duda alguna, las mejores historias de animales se encuentran en las colecciones indias, de las cuales ofrezco una lista en el último capítulo.

Con respecto al desarrollo del amor por la naturaleza a través de los cuentos, nos enfrentamos a una dificultad considerable en las escuelas infantiles urbanas porque muchos de sus alumnos no han salido jamás del núcleo urbano, no han visto una margarita, ni hierba fresca, apenas un árbol, y cuando se les cuenta una historia con una bonita descripción del paisaje, no podemos apelar a la imaginación retrospectiva; tan sólo algún niño particularmente dotado será capaz de crear imágenes mentales al escuchar un estilo narrativo muy alejado del habitual. No obstante, en ocasiones, y cuando los niños estén muy tranquilos, sin necesidad de acción, favorecerá el disfrute de los sonidos y será posible ofrecerles un bonito pasaje de glorificación de la naturaleza como el siguiente, tomado de *The Divine Adventure,* de Fiona Macleod:

---

35. «La utilidad de los cuentos de hadas», en *Instrucción moral de los niños.*

> Entonces recordó la antigua sabiduría de Gales y salió de la capilla para adentrarse en el bosque. Puso sus labios sobre la tierra, elevó una hoja verde hasta la frente y se puso una ramita en la oreja; y, como ya no sentía el peso de la mortalidad, aunque perteneciese todavía al género humano, oyó lo que no somos capaces de oír, vio lo que no somos capaces de ver y supo lo que no somos capaces de saber. Toda esa vida verde era suya. En ese nuevo mundo se vio las vidas de los árboles: ahora verde claro, luego azul grisáceo, ahora color amatista...; la vida gris de las piedras; los susurros de la hierba y los juncos; las criaturas del aire, delicadas y salvajes como un ciervo o veloces fieras, y los fieros tigres de un indómito yermo, junto con pájaros casi invisibles, si no fuera por sus luminosas alas y sus crestas opalescentes.

El valor de este pasaje en concreto radica en el misterio que impregna toda la imagen, cuya forma es de una belleza que contrasta con la eterna explicación de las cosas. En mi opinión, es de vital importancia para los niños que sean capaces de apreciar que las cosas más hermosas no se pueden expresar mediante un lenguaje corriente y que, por el momento, se tendrán que conformar con visiones fugaces de dicha belleza, a la que tendrán acceso en el futuro. No se puede alabar la belleza de una montaña partiendo de la descripción de un montón de piedras, ni se puede transmitir la impresión que produce la inmensidad del mar analizando las gotas de agua que contiene.

Pero a la distancia apropiada, uno consigue una visión de conjunto bastante clara y se puede permitir el lujo de pasar por encima sin entrar en detalles.

Al presentar este tipo de pasajes (muy esporádicamente), la experiencia me ha enseñado que hay que ganarse la confianza de los niños diciéndoles, con franqueza, que no les vamos a explicar nada emocionante, de manera escuchen con libertad las palabras en sí mismas. De vez en cuando se puede hacer una prueba muy interesante pidiéndoles que describan, con sus propias palabras, y después de que hayan transcurrido unas cuantas semanas desde la narración, las imágenes que vieron en sus mentes.

Es completamente distinto a que pretendamos que el niño reproduzca el pasaje instantáneamente, cuyo peligro detallaré más adelante.[36]

Vamos ahora con la cuestión de la proporción de «intensidad dramática» que podemos presentar en los cuentos dirigidos a un grupo normal de niños. Yo misma prefiero, cuando el niño es muy pequeño (me refiero a su madurez mental, no a su edad), evitar los elementos de intensidad dramática; no obstante, cabe decir que aunque pueda ser posible en algún caso preciso, es utópico pretender que los niños se mantengan al margen de lo que ocurre a su alrededor. Los niños ansían emociones. Si no se las proporcionamos de la manera adecuada, la buscarán de un modo caótico, y si gracias a la experiencia podemos controlar su comprensión, dándoles de manera moderada lo que piden, también hay que evitar que devoren con ansiedad la materia prima que pueden conseguir por ellos mismos.

Hay un pasaje gracioso que trata de esta cuestión en la historia del pequeño escocés que pide a sus padres que le dejen prestarle a un amigo enfermo un librito devocional que le regaló una tía, esperando que, dada su condición, se muestre más tolerante hacia esa forma de literatura. Los padres recriminaron al niño por el mal gusto de desprenderse de un regalo de su tía. El niño no pudo resistir más y levantó la voz, expresando de manera inconsciente la actitud normal de cualquier niño en esa etapa de su desarrollo:

¡Pero si es un libro ridículo en el que no matan a nadie! A mí me gustan las historias en las que le cortan la cabeza a la gente o los apuñalan. A mí me gustan los cuentos de tipos negros que son devorados y de tipos blancos que matan tigres y leones y osos y...

A continuación, tenemos, de nuevo, un fragmento de George Eliot:

—¡Ay! Me gustaría que no hubiera peleas en la escuela, Tom. ¿Te han hecho daño?

—¿Daño? No –dijo Tom colocándose bien la ropa, sacando una buena navaja y abriéndola poco a poco; luego añadió en tono pensativo mientras acariciaba la hoja con la yema de un dedo–.

36. *Véase* el capítulo «Preguntas formuladas por los maestros».

Le puse a Spooner un ojo morado, eso es lo que ha sacado por querer zurrarme. No voy a quedarme de brazos cruzados si alguien me quiere arrear.

—¡Pero qué valiente eres, Tom! Eres como Sansón. Si viniese un león rugiendo a atacarme me defenderías, ¿verdad, Tom?

—¿Cómo te va a atacar un león, so tonto? ¡Si los leones sólo están en los espectáculos!

—Ya, pero ¿y si estuviéramos en el país de los leones? En África, que hace mucho calor y los leones se comen a la gente. Lo he visto en un libro que he leído.

—Bueno, pues agarraría una pistola y le dispararía.

—¿Y si no tuvieras una pistola? Puede que hubiésemos salido sin pensarlo, como cuando vamos a pescar, y de repente un león se nos acercara rugiendo y no pudiéramos escapar ¿qué harías entonces, Tom?

Tom se quedó pensando y, al final, se volvió pletórico diciendo:

—Pero es que *no viene* ningún león, así que ¿por qué perdemos el tiempo hablando de tonterías?

Este fragmento ilustra, asimismo, la diferencia entre la desarrollada imaginación de uno y el temperamento prosaico del otro. Tom era capaz de resolver la cuestión elemental de ponerle un ojo morado a un compañero, pero no perdía el tiempo elucubrando sobre la llegada de un león. Tenía una grave carencia de cuentos de hadas.

Es este elemento el que tenemos que proporcionar y no podemos eludir nuestra responsabilidad. William James afirma:

Las cosas vivas, las cosas que se mueven y que experimentan el peligro o la sangre, que tienen cualidades dramáticas, son las cosas que interesan realmente a los niños, casi hasta pasar de todo lo demás; y el maestro de niños pequeños debe permanecer en conexión con sus alumnos a través de estas materias hasta que tengan intereses más artificiales.[37]

---

37. En *Charlas para maestros*, pág. 93.

Por supuesto que experimentar el peligro y la sangre es sólo una de las cosas a las que debemos apelar, pero he mostrado el fragmento completo para dejar clara la idea.

Y así llegamos a uno de los puntos más difíciles de la selección de material: cómo incluir emociones suficientemente intensas para el niño, al mismo tiempo que elementos constructivos que lo satisfagan cuando deje de ansiar lo «terrible».

Y en este preciso momento me gustaría apuntar que, al fomentar en los niños admiración y respeto por la valentía y otras características típicas de los tiempos de guerra, los cuales han servido para mitigar sus horrores, también deberíamos presentar aquellos momentos en las vidas de los héroes que no están relacionados con su profesión bélica. Tenemos, por ejemplo, la famosa historia de sir Philip Sydney y el soldado; hay una maravillosa escena en la que Roldán arrastra los cuerpos sin vida de sus amigos para que reciban la bendición del arzobispo tras la batalla de Roncesvalles,[38] y en el episodio de Napoleón, que manda al marinero de regreso a Inglaterra. Hay un momento en la historia de Gunnar en el que se detiene en medio de la matanza de sus enemigos y dice: «Me pregunto si soy menos miserable que los demás porque mato hombres con más disgusto que ellos».

Y en *El incendio de Njal*[39] tenemos las palabras del niño, Thord, cuando su abuela, Bergthara, le ordena que salga de la casa en llamas:

> Cuando era pequeño me prometiste, abuela, que nunca me alejarías de ti hasta que yo quisiera. Y yo prefiero morir contigo que vivir sin ti.

Éste es un espléndido ejemplo de valor moral: ninguno de esos héroes teme morir en la batalla, pero aceptar la muerte a manos del fuego por tan elevadas consideraciones es digno de presentarse a los niños.

A pesar de la intensidad dramática suscitada por el comportamiento de soldados y marineros, ¿no deberíamos presentar también, en los cuentos, la aventura y la emoción de salvar una vida y no sólo arrebatarla?

---

38. Este episodio está espléndidamente relatado en *La Canción de Roldán*, de Arthur Way y Frederic Spender.

39. En *El libro Rojo de las Hadas*, de Andrew Lang.

Dispongo de un buen repertorio de historias que tratan sobre las emocionantes aventuras de socorristas y bomberos, del que presentaré algunos ejemplos.

Por último, deberíamos incluir ciertos cuentos relacionados con la muerte, sobre todo cuando van dirigidos a niños de una edad adecuada, para que aprendan a aceptar que a todos nos llega la hora y que no se trata de una tragedia, sino de un proceso natural.

En la actualidad, el niño que pasa gran parte de su tiempo en la calle relaciona la muerte con accidentes. Entiendo que se les deberían contar historias sobre la muerte heroica, como cuando un hombre o una mujer muere por una gran causa, con la oportunidad de demostrar valentía, dedicación y altruismo; o bien historias sobre la muerte como resultado de la traición, como ocurre en la muerte de Baldur o en la de Sigfrido, por ejemplo, de forma que los niños puedan entender lo miserable de tales actos. Pero deberíamos incluir, de igual modo, una justa proporción de cuentos que traten sobre la muerte que se presenta de forma natural cuando simplemente llega la hora y nos quedamos sin fuerzas, lo cual no es más trágico que la caída de las hojas de los árboles. En esta línea, podemos inculcar la idea de que el individuo no es más que una parte de la totalidad.

Los niños más pequeños suelen aceptar la muerte con naturalidad. Un niño de cinco años se encontró con dos compañeros mayores en la puerta de la escuela. Éstos le dijeron con tranquilidad:

—¡Acabamos de ver a un hombre muerto!

—Ya, bueno –dijo el pequeño filósofo–. No pasa nada: todos tenemos que morir cuando nos llega la hora.

En una de las historias de Buda, que reproduzco al final del libro, la pequeña Liebre (que es, en mi opinión, un símbolo de individualismo) pregunta una y otra vez: «Supón que la tierra se hunde ¿qué pasará conmigo?».

Como antídoto contra la actitud habitual hacia la muerte, recomiendo un episodio del folclore alemán llamado *El desafortunado Juan.*

El siguiente fragmento resume, de forma poética, algunos materiales necesarios para colmar las necesidades del niño:

THE CHILD

1
The little new soul has come to earth,
He has taken his staff for the Pilgrim's way.
His sandals are girt on his tender feet,
And he carries his scrip for what gifts he may.

2
What will you give to him, Fate Divine?
What for his scrip on the winding road?
A crown for his head, or a laurel wreath?
A sword to wield, or is gold his load?

3
What will you give to him for weal or woe?
What for the journey through day and night?
Give or withhold from him power and fame,
But give to him love of the earth's delight.

4
Let him be lover of wind and sun
And of falling rain; and the friend of trees;
With a singing heart for the pride of noon,
And a tender heart for what twilight sees.

5
Let him be lover of you and yours-
The Child and Mary; but also Pan
And the sylvan gods of the woods and hills,
And the god that is hid in his fellowman.

6
Love and a song and the joy of earth,
These be the gifts for his scrip to keep

Till, the journey ended, he stands at last
In the gathering dark, at the gate of sleep.[40]

Ethel Clifford

De este modo, un cuento debe contener lo fundamental para el viaje del niño por el camino de la vida, proporcionándole lo más importante y manteniendo o rechazando lo que no es esencial. Pero, por encima de todo, llenemos el guion de la vida con regalos que el niño no quiera rechazar, ni siquiera cuando atraviese «las puertas del sueño».

40. Una almita ha llegado al mundo / con su bordón para el peregrinaje / sandalias ceñidas a sus piececitos / y el guion de sus virtudes. / ¿Qué le darás, Divina Providencia? / ¿Qué será de su destino a lo largo del camino? / ¿Una corona de reyes o una de laurel? / ¿Una espada para empuñar u oro que acarrear? / ¿Qué le darás para penas y alegrías? / ¿Qué para el día, qué para la noche? / Dale o quítale el poder y la fama / Pero dale amor para su deleite en la Tierra. / Déjalo amar al viento, al sol y a la lluvia que cae / deja que sea amigo de los árboles / con un corazón alegre al mediodía y tierno por la noche / Deja que te ame y ame a los tuyos. / Al niño y a María pero también a Pan / y a los dioses del bosque, de la madera y de las colinas / y al dios que se esconde en el prójimo. / El amor, una canción y la alegría de la Tierra / son los dones que debe conservar / hasta que acabe su viaje y al final se encuentre / a las puertas de la oscuridad, a las puertas del sueño.

CAPÍTULO 6

CÓMO CONSEGUIR Y MANTENER EL EFECTO DEL CUENTO

Hemos llegado a la parte más importante para un cuentacuentos, a la que hemos accedido poco a poco, y es el efecto que producen los cuentos en el niño, al margen de la intensidad dramática que experimenta cuando los escucha y que debería ser ya bastante para justificar su narración. Sin embargo, como he insistido tanto en la importancia de prestar tanta atención a la forma de narrar y en tener tanto cuidado en la selección de materiales, lo lógico es esperar resultados más o menos permanentes, porque los que no se contentan tan sólo con la diversión del niño buscan captar su atención, y es a ellos a quien quiero dedicar especialmente este capítulo.

En mi opinión, nos encontramos en el umbral del redescubrimiento de una antigua verdad: que la *presentación dramática* constituye el método más rápido y más efectivo para llamar la atención, porque es lo único en el que la memoria no falla. Si se nos presenta una cosa de forma intensa y vital, nada podrá acabar con su recuerdo; esto se debe a que percibimos las cosas normales como una luz tenue y confusa que termina por extinguirse en la memoria. Una científica muy entusiasta se quejaba, en un momento determinado, de que en las escuelas se cuentan muchos cuentos en detrimento de la ciencia, y quería que se aplicase al ámbito científico el mismo elemento que hace que los cuentos resulten indestructibles. Como su punto de vista me interesó mucho, le pedí que pensara en sus primeros años de escuela y me dijera lo que recordaba con más claridad. Tras hacer memoria durante unos instantes, respondió con cierta incomodidad, pero con un candor que la honraba:

> Bueno, ahora que lo pienso, creo que es el cuento de La Cenicienta.

Yo no encuentro nada precisamente especial en este cuento en particular. Creo que la razón por la que lo recordaba tan bien fue por la intensidad dramática con que se lo contaron, que contribuyó a aumentar su imaginación y mantenerla de manera indefinida en su memoria. En mi opinión, un hecho científico puede ser también recordado para siempre si se presenta como un exitoso experimento químico, por ejemplo; de esta forma, se le da la intensidad dramática suficiente para que permanezca en la memoria.

Sully afirma:

> No podemos comprender la importancia de la fascinación que produce un cuento para niños, de cara a su evocación en las mentes jóvenes, que son rápidas para imaginar y poco dotadas para la reflexión abstracta; las palabras no son objetos muertos, sino que tienen alas, según comentaban los antiguos griegos.[41]

La Reina Roja en *Alicia a través del espejo* resultó que tenía un carácter más psicológico de lo que se esperaba cuando pronunció la memorable sentencia: «Una vez que has dicho una cosa, ésta se pega a ti y tienes que saber afrontar las consecuencias».

En la *Introducción a los mitos y las leyendas rusas,* Curtin afirma:

> Recuerdo muy bien los sentimientos que aparecían en mi mente cuando oía o veía la palabra *Lucifer* en mis primeros años. Me pa-

41. En *Studies of Childhood.*

recía que era el nombre de un ser estupendo, espantoso en su deformidad moral, espeluznante, horrendo y poderoso. Recuerdo con qué sorpresa, cuando crecí y comencé a estudiar latín, descubrí gracias a Virgilio que el nombre significaba «portador de la luz, el heraldo del sol».

Platón dijo en cierta ocasión: «La finalidad de la educación debe ser el entrenamiento de los instintos y de la virtud en el niño a través de los hábitos adecuados».

Unos dos mil años después, sir Philip Sydney, en su *Defensa de la poesía*, comenta: «La finalidad del aprendizaje consiste en llevarnos hasta el más alto grado de perfección que nuestras degeneradas almas, embrutecidas por su cárcel material, sean capaces de alcanzar».

Aunque ni el filósofo griego ni el poeta isabelino llevan a cabo la aplicación diaria de sus principios, tenemos un indicio de esta aplicación en una tribu de indios llamada pueblo, de la que Lummis afirma:

> No hay ni una sola obligación para que un niño de la tribu pueblo esté entrenado específicamente y para que se conforme con una orden simple: haz esto. Para cada obligación aprenden una historia pensada para explicarles cómo los niños, en primer lugar, aprendieron que «hacer esto» es bueno, y las tristes consecuencias de no hacerlo así. Algunas tribus tienen cuentacuentos permanentes; son personas que han dedicado su vida al conocimiento de los mitos y las historias de su gente, y que poseen, además de una buena memoria, una imaginación de lo más fértil. La madre manda a buscar a uno de ellos y, después de preparar una fiesta en su honor, ella y sus niños se sientan a esperar los cuentos del visionario, quien, después de comer y fumar, los entretiene durante horas.

En estos tiempos modernos, la cuidadora, que recibe una formación completa acerca de sus obligaciones con los niños, debería imitar el ejemplo del «visionario» de la tribu india. Me congratula que en muchas instituciones de formación de educadores se ofrezca enseñanza regular sobre cuentos.

Hace algunos años apareció un libro de Dion Calthrop llamado *El Rey Pedro* que ilustraba con todo lujo de detalles el efecto que producen los cuentos. Habla de la educación de un joven príncipe al principio a base de historias, pero después hacen que salga a la vida real para que vea de primera mano lo que ocurre en ella, de manera que la intensidad dramática sea siempre la forma de despertar su imaginación. Como se le explicaba tan sólo una historia al año, no se puede comprobar su efecto día a día, pero el tiempo no es lo más importante. Lo realmente destacado es saber que se va produciendo un crecimiento, por lento que sea, seguro.

Algo similar tiene lugar en *Las aventuras de Telémaco,* escrita por Fenelon para su pupilo real (el joven duque de Burgundi), pero mientras que Calthrop tiene fe en los resultados de la enseñanza indirecta por medio de cuentos dramáticos, Fenelon prefiere emplear el escabroso método didáctico, así que se puede pensar que, de vez en cuando, la atención del joven príncipe se distraería; imagino que Telémaco estaba distraído cuando Mentor, que en realidad era Minerva disfrazada, lo envió a recorrer tal distancia, demostrando el sentido del humor que siempre debe templar la auténtica sabiduría. Tomemos como ejemplo la dura reprimenda en el siguiente pasaje:

> Ni la muerte ni el naufragio son tan terribles como los placeres que afectan a la Virtud... La juventud está repleta de presunción y arrogancia, aunque no exista en el mundo nada más frágil: nada le asusta y todo se lo toma con frivolidad y sin la menor precaución.

Y, en otra ocasión, cuando Calipso reparte ropa entre los náufragos y Telémaco está tejiendo una túnica, blanca como la nieve y con un chaleco de color púrpura bordado en oro, mostrando su satisfacción por la belleza de la prenda, Mentor se dirige a él con severidad y afirma:

> ¿Acaso son ésos, Telémaco, los pensamientos que han de ocupar el corazón del hijo de Ulises? Un hombre joven que disfruta con vestidos frívolos, como hacen las mujeres, no merece ni sabiduría ni gloria.

Recuerdo que cuando era una niña de trece años tuve que memorizar algunos libros de aventuras para familiarizarme con el estilo. En lugar de impactarme la sabiduría de Mentor, yo me aburría y me preguntaba por qué Telémaco no se marchaba. La única parte del libro que me gustó en verdad fue la que explicaba el amor de Calipso, no correspondido por Telémaco, pero ése era, justamente, el punto a partir del cual ya no debíamos memorizar, cosa que yo no comprendía, porque era ahí donde empezaba el interés humano.

De todos los efectos que espero encontrar en la narración de cuentos en las escuelas, el primero que me interesa es la intensidad dramática que provocan, tanto en niños como en adultos. Pero mucha gente la considerará artificial, cuando no frívola, hasta el punto de no incluirla en el marco de los valores educativos relacionados con la inclusión de cuentos en el currículum escolar. Así, propongo que tratemos otros efectos de un valor más práctico.

El primero, de carácter puramente negativo, es el que a través de la historia dramática contrarresta las imágenes o ruidos de la calle que atraen el instinto melodramático de los niños. Estoy segura de que todos los profesores que trabajan en grandes y ruidosas ciudades conocen el efecto que produce en los niños lo que ven y lo que oyen por el camino, cuando van o vuelven del colegio.

Si tenemos en cuenta las vallas publicitarias con sus representaciones realistas, por no hablar de los episodios dramáticos que tienen lugar en la calle, llegamos a la conclusión de que los intereses escolares cotidianos palidecen ante focos de atracción de este tipo. ¿Cómo podemos esperar que un niño, boquiabierto ante un cartel que representa a una mujer desvanecida por el cloroformo que le ha aplicado un atracador (mientras éste huye con todas las joyas) muestre el más mínimo interés por la árida monotonía de las tablas de multiplicar? La ilegítima emoción creada por la visión del depravado atracador sólo se podría apagar con una cosa igual o más excitante dentro del ámbito realista, pero legítimo de la atracción. Y es aquí donde la historia adecuada se convierte en importante, y el maestro, que debería ser lo bastante artista como para intentarlo, debe encontrar el corto camino de los resultados que los teóricos han buscado de manera infructuosa durante tanto tiempo. Ni siquiera es necesario pensar en un cuento excesivamente excitante; en ocasiones es suficiente con uno que produzca alguna reacción.

A lo largo de mi experiencia personal recuerdo algún ejemplo semejante. Estaba leyendo con unos niños de unos diez años la historia de *Cymbeline*, en concreto la escena del bosque cuando los hermanos le tiraban flores y entonaban cantos fúnebres:

> «No temas más el calor del sol».

Cuando estábamos todos inmersos en ese estado de ánimo tierno y sereno, de repente se abrió la puerta y apareció un tutor anunciando a bombo y platillo la liberación de Mafeking. Los niños se levantaron a la vez gritando de alegría; en ese momento, la felicidad que sentían por la liberación de la tropa era la emoción predominante. Entonces, antes de que se impusiera definitivamente el fuego patriótico, aproveché la reacción momentánea y repuse: «Ahora, niños, ¿no creéis que la mejor forma de rendir honores a Inglaterra es continuando con el mejor de sus poetas?». En pocos minutos estábamos otra vez de vuelta en el bosque, y aún puedo escuchar la encantadora entonación de sus vocecitas repitiendo:

> «Los jóvenes, chicos y chicas, todos volverán al polvo como deshollinadores».

Es interesante observar que los problemas que nos preocupan en la actualidad también preocuparon a nuestros ancestros. El siguiente texto procede de un antiguo documento chino que, como veremos, sigue vigente hoy en día:

> El filósofo Mencio (nacido en 371 d. C.) se quedó huérfano de padre cuando era muy pequeño y lo crio su madre, Changsi. El cuidado y la atención de esta madre se citan siempre como modelo para padres virtuosos. La casa en que vivía estaba junto a una carnicería; desde allí podía observar la angustia de los animales que se iban a sacrificar. El pequeño Mencio corría para ver la escena y, cuando regresaba a casa, jugaba a escenificar lo que había visto. Por miedo a que su corazón se helara y se acos-

tumbrase a la sangre, la madre quiso trasladarse a una casa que estaba cerca de un cementerio. Los parientes de los difuntos iban a llorar sobre sus tumbas y a realizar libaciones. Así, el niño descubrió estas ceremonias y se divertía imitándolas en casa, hecho que de nuevo preocupó a su madre: temía que su hijo acabara por tomarse a broma la más seria de todas las cosas y que se acostumbrara a frivolizar con ceremonias que merecen una perfecta atención y el más profundo respeto. De modo que, otra vez, se mudaron para trasladarse a la ciudad, frente a la escuela, donde creyó que su hijo encontraría ejemplos dignos de imitación y, sí, empezó a beneficiarse de ello.

Esta historia se ha incorporado a la tradición china a través de un proverbio muy conocido: «La madre de Mencio busca vecindario».

Otra influencia que se debe contrarrestar es la de los titulares de los periódicos y de los carteles, que llaman la atención del niño en la calle y despiertan en gran medida su imaginación.

Shakespeare afirma:

Tell me where is Fancy bred,
Or in the heart, or in the head?
How begot, how nourished?
It is engendered in the eyes
With gazing fed,
And Fancy dies in the cradle where it lies.
Let us all ring Fancy's knell.
It'll begin it -ding, dong, bell.[42]

El Mercader de Venecia

De ser realmente así, es de vital importancia decidir qué pueden ver nuestros hijos en la medida que podamos controlarlo, para hacernos una idea del efecto que produce en su imaginación.

---

42. Dime dónde nace la fantasía. / ¿En el corazón o en la cabeza? / ¿Cómo se concibe, cómo se nutre? / Se concibe en los ojos / se nutre de miradas / y muere en la cuna en que yace. / Repiquen las campanas a difuntos por la Fantasía / ding, dong, ding...

Tras hacer referencia a la peligrosa influencia de la calle, quiero añadir que ésta no es necesariamente nociva en sí misma. La calle también brinda la posibilidad de vivir aventuras cotidianas que pueden producir el mismo efecto que los cuentos. En este sentido, estoy en deuda con la señora Arnold Glover, secretaria honoraria de la Organización Nacional de Clubes Femeninos[43] (que es una de las personas más informadas sobre este tema) por las dos experiencias que detallaré a continuación, las cuales proceden de la calle misma y tratan, de manera indirecta, del arte de contar cuentos:

La señora Glover fue a visitar a una mujer enferma a un barrio deprimido y se encontró con dos niños pequeños sentados en la puerta de casa que agarraban con fuerza una cosa mientras observaban, expectantes, el final de la calle. Como tenía curiosidad por saber qué estaban haciendo, y teniendo en cuenta que no era una mujer poco imaginativa que entra sin más en los misterios que los niños se traen entre manos, pasó por su lado en completo silencio. Pero media hora después, los niños seguían en la misma postura, muy callados, así que les dijo con mucha cautela: «Me preguntaba si me podríais explicar lo que estáis haciendo». Los niños se quedaron pensativos y, tras unos segundos, uno le dijo tímidamente: «Estamos esperando los carros». Y es que, una vez a la semana, pasaba por allí un carro lleno de verduras y flores para dirigirse a un barrio de gente rica y, de vez en cuando, del carro caía una flor, una espiga e incluso una raíz; los dos pequeños estaban esperándolo, con las manitas llenas de tierra, listos para plantar lo que cayera en su jardín secreto de conchas de ostras.

Esta anécdota es tan bonita como cualquier cuento de hadas que podamos leer en los libros.

En otra ocasión, la señora Glover estaba recaudando dinero para la Holiday Fund Saving Bank que celebraba en su casa cada semana. Se dio cuenta de que, durante tres lunes consecutivos, un niño se llevaba un sobre de su mesa. Como no quería asustarlo, dejó que siguiese con esa costumbre unas cuantas semanas más hasta que, un día, después de despedirse de los demás niños, le preguntó con mucho tacto por qué se llevaba los sobres. El chico al principio respondió muy malhumorado:

43. En Inglaterra.

«Yo los necesito más que tú». Ella reconoció que podía ser así, pero en definitiva eran suyos. Le prometió, no obstante, que si le contaba para qué quería los sobres, lo ayudaría de algún modo. Entonces el niño le dio una explicación sorprendente: «Estoy construyendo un barco». Le hizo más preguntas, porque no entendía nada y, así, la señora Glover se enteró de que los carros de agua del ayuntamiento pasaban una vez por semana por la calle del niño, derramaban agua y se creaba una pequeña corriente que desembocaba en la alcantarilla. En ese momento, los niños hacían barcos con sobres que ponían a navegar río abajo y que pasaban por zonas cubiertas que imitaban puentes para los viajeros y túneles para los navíos. La emoción era inmensa cuando los barcos dejaban de verse y reaparecían al final de la calle. Lo bueno es que la inversión en materia prima era nula, gracias a las confiscaciones en casa de la señora Glover, que estaba financiando la increíble flota de navíos del barrio, con un emprendedor comandante al mando. Al conocer los motivos de los sistemáticos hurtos, lo primero que se le ocurrió fue regalarle al niño barquito de juguete, pero después de pensarlo dos veces, le ofreció un montón de sobres usados con direcciones y sellos, para añadir emoción al viaje naval, ya que se podrían distinguir unos de otros cuando atravesasen el túnel y cada uno tendría su propia reputación según la velocidad que alcanzase.

De nuevo tenemos materia suficiente para escribir toda una novela. He explicado ambos ejemplos para demostrar que la calle ofrece múltiples posibilidades beneficiosas, aunque sus desventajas sean peligrosas.

Uno de los resultados inmediatos que nos ofrecen las historias dramáticas es la posibilidad huir de la realidad, a la que ya he aludido al citar las palabras de Goschen. La necesidad de huir de la rutina es sana y común tanto en los adultos como en los niños. Cuando sentimos la necesidad de alejarnos de lo que nos rodea, hacemos lo que también deberíamos hacer con los niños, en mi opinión, introducirnos en el reino de la ficción. Siempre me ha sorprendido que, al intentar escapar de la rutina diaria, no entremos de manera más enérgica en las historias que contrastan con lo cotidiano; por el contrario, en nueve de cada diez casos, se busca una ficción basada en elementos cotidianos, por ejemplo, ganar más dinero, el miedo a la pobreza, la corrupción política, la sociedad de consumo y las dudas religiosas.

Ese mismo peligro lo corremos en la elección de la ficción destinada a los niños: solemos a escoger historias pragmáticas, tanto en la forma como en el fondo, de manera que, en realidad, no sacamos al niño de su rutina diaria. Un día estaba leyendo los títulos de dos libros infantiles; uno se llamaba *Tom el limpiabotas* y el otro *Dan el repartidor de periódicos*. La primera crítica que se me ocurrió fue que ninguno de los protagonistas disfrutaba con su trabajo. Si Tom hubiese inventado un sistema novedoso para dejar los zapatos relucientes o Dan hubiese editado un periódico, me parecerían cuentos alentadores para los niños, de los que hacen que tengamos ganas de dedicarnos a profesiones similares. Es vedad que ambos acababan haciéndose ricos, pero en edad escolar no hay que fomentar en los niños el único deseo de conseguir mucho dinero. Estamos ya saturados de cuentos sobre gente que llega a la ciudad con dos duros y acaba millonaria, además de ser un poderoso alcalde o algo semejante. Indudablemente, el prototipo romántico juvenil es *Dick Whittington*, por quien sentimos el cariño inconsciente que se siente por un personaje lejano en el tiempo. Quién sabe, tal vez sea el pintoresco atributo del gato, del que carecen los millonarios modernos.

No me parece fantasioso presentar a los niños una serie de cuentos que tengan que ver con la importancia de las cosas «intangibles». Los niños aprenden desde pequeños que «las cosas que se ven son temporales, pero las que no se ven son espirituales. Para aquellos que quieran ver el efecto de estos cuentos en los más pequeños, les recomiendo que lean estas alentadoras líneas de James Withcomb Riley:

THE TREASURE OF THE WISE MAN[44]

Oh, the night was dark and the night was late,
When the robbers came to rob him;

And they picked the lock of his palace-gate,
The robbers who came to rob him.
They picked the lock of the palace-gate,
Seized his jewels and gems of State,
His coffers of gold and his priceless plate,
The robbers that came to rob him.

But loud laughed he in the morning red!
For of what had the robbers robbed him?
Ho! Hidden safe, as he slept in bed,
When the robbers came to rob him,
They robbed him not of a golden shred
Of the childish dreams in his wise old head
"And they are welcome to all things else", he said,
When the robbers came to rob him.[45]

Aquí hay una buena dosis de espíritu romántico combinado con un delicioso sentido de la irresponsabilidad que me parece imprescindible incluir en las rimas para niños pequeños. A continuación se muestran algunas citas extraídas de un artículo escrito por el reverendo R. L. Gales para *Nation.*

---

44. En *The Lockerbie Book*, de James Whitcomb Riley, © 1911.

45. El tesoro del sabio

Fue en una noche oscura, y ya era muy tarde, / cuando los ladrones entraron a robarle; / cogieron la llave de la puerta de su palacio, / los ladrones que fueron a robarle. / Se llevaron de sus joyas y piedras preciosas, / sus arcas con oro y su plata / de incalculable valor. / Pero él se reía a carcajadas de madrugada / porque ¿qué le habían robado los ladrones? / A salvo está lo que estaba escondido / mientras dormía / cuando los ladrones fueron a robarle / los sueños dorados de su infancia / que guardaba en su vieja cabeza. / «Les doy las gracias por todo lo demás», / dijo, cuando los ladrones fueron a robarle.

Tras hablar sobre el tema de la exclusión de los cuentos de hadas del currículum escolar, el autor reflexiona:

> Reduciría la alegría del mundo y privaría a las generaciones venideras de la capacidad para sorprenderse, del poder de prestar atención desinteresadamente al espectáculo de las cosas y las dejaría, por siempre, a merced de lo insignificante.
>
> Los poemas infantiles son la cosa más sana y más desinteresada del mundo. Evocan imágenes encantadoras (como un nogal chiquito con una nuez de plata y una pera de oro) y aventuras románticas para que el niño disfrute y se libere de las cadenas de una mediocridad que aún no conoce; sitúan ante la mente la quintaesencia de lo bueno.
>
> «El perrito reía al contemplar tal víctima». Ahí está el sentido del humor, la salud que hay en la risa de ese perrito travieso. Es la risa de la travesura sin maldad. Reír con el perro, como un niño, es el mejor antídoto contra la triste risa de los adultos, la risa cruel de la brutalidad, la risa horrible del rencor, la risa acre del fanatismo. El mundo de la poesía infantil, el viejo mundo del señor Slipper-Slopper, es el mundo de las cosas naturales, de la saludable alegría de vivir.
>
> En las rimas infantiles se entretiene al niño con los episodios de la vida. Se le lleva por jardines encantados repletos de pajaritos que cantan. *Todos los caballos del rey y todos los hombres del rey* pasan ante él perfectamente ordenados. Artesanos de todo tipo, banqueros, sastres, plateros, herreros están ocupados en sus oficios y misterios, como en la corte de un rey oriental…

Al insistir en el valor de la huida de lo cotidiano, no puedo probar su importancia con más claridad que describiendo lo que le pasaría a un niño al que se le privara del derecho innato a conocer cuentos de fantasía. En *Padre e hijo*, Edmund Gosse escribe:

> Mientras tanto, siendo capaz de leer, encontré el mayor placer en los libros, muy limitados, sin embargo, pues fueron terminantemente prohibidas las historias de aventuras. Ningún tipo

de ficción, ni religiosa ni secular, estaba permitida en casa. Esta prohibición se debía a mi madre, no a mi padre. Ésta tenía la extravagante y, en mi opinión, inconcebible creencia de que «contar una historia», es decir, componer cualquier tipo de narrativa de ficción, de la clase que fuese, era pecado... Ni siquiera había leído las aventuras caballerescas de sir Walter Scott, alegando con tozudez que eran mentira. No leía nada que no fuese poesía lírica y subjetiva. Sin embargo, de pequeña sentía una gran pasión por inventar historias y tenía tanto talento que la gente le pedía con insistencia que la distrajese con su arte. «Cuando era pequeña –decía–, solía disfrutar, yo misma y mis hermanos, inventando historias como las que leía. Como supongo que tenía una imaginación infatigable, inventar cuentos se convirtió en el principal placer de mi vida. Por desgracia, mis hermanos siempre me animaban y encontré en Taylor, mi doncella, un apoyo aún mayor. Yo no creía que hubiese nada de malo en ello, hasta que la señorita Shore, una institutriz calvinista, me reprendió severamente y me dijo que estaba muy mal. Desde entonces, creí que las historias inventadas eran un pecado... Pero en mi fuero interno, ardía de deseos por inventar historias... la aburrida realidad no me satisfacía. Necesitaba adornarla con ornamentos ficticios, pero la maldad y vanidad degeneraron mi corazón y ahora son mayores de lo que soy capaz de expresar». Éste (añade el autor, su hijo) es, con toda seguridad, el más doloroso ejemplo de represión de un instinto.

En contraste con el anquilosamiento de la imaginación, cabe destacar la historia del gran Hermite, quien, tras escuchar la discusión del lunes de la Academia de las Ciencias (de Francia) sobre cuál era la mejor manera de enseñar a los jóvenes a convertirse en genios de las matemáticas, afirmó: «Cultivez l'imagination, messieurs. Tout est là. Si vous voulez des mathématiciens, donnez à vos enfants à lire des Contes de Fées».[46]

46. «Cultiven la imaginación, señores. Todo está en ella. Si quieren matemáticos, hagan que sus hijos lean cuentos de hadas».

Otro importante efecto de los cuentos es desarrollar simpatía de los niños (en edades muy tempranas) por otros países cuya cultura es muy diferente de la suya.

Tengo que tratar tan a menudo el tema de la hipotética confusión que se puede crear entre la realidad y la ficción en las mentes infantiles que me parece útil incluir un ejemplo sobre cómo establecen esta diferenciación ellos solos.

Ewing manifiesta al respecto:

> Si hay mentes jóvenes tan imperfectas que no son capaces de distinguir entre fantasía y falsedad, lo más deseable sería desarrollar en ellos esta capacidad, pero generalmente, los niños aprecian esta distinción con tal vivacidad que nuestras mentes, saturadas de prejuicios, ya no recuerdan.

Con respecto a los cuentos de hadas, P. A. Barnett afirma en su libro *El sentido común en la educación:*

> Los niños son capaces de representarlos, pero no de incorporarlos a su realidad, del mismo modo que no aceptarán sus incidentes como parte de sus creencias. Seguramente imaginarán mundos grotescos llenos de personajes admirables e interesantes a los que les pueden pasar las cosas más extrañas. Más aún: esta prolífica imaginación es una de las habilidades que distingue a los niños mejor nutridos de los menos afortunados.

El siguiente pasaje pertenece a un ensayo de Stevenson sobre *El juego infantil*[47] y proporciona un ejemplo de la aptitud de los niños para crear su propio ambiente dramático:

> Cuando mi primo y yo nos tomábamos las gachas de avena por la mañana, inventábamos un juego para animar el desayuno. Él se comía las suyas con azúcar y contaba que se trataba de un país que estaba siempre nevado. Yo me comía las mías con leche y

47. De *Virginibus Puerisque.*

explicaba que en mi país había muchas inundaciones. Imaginaos el intercambio de noticias: aquí hay una isla que aún no se ha hundido, allí un valle sin nevar, los inventos que hacíamos, los habitantes que vivían en cabañas construidas en lo alto y que andaban con zancos; los míos iban siempre en barcas, y crecía el interés cuando cortaba el último trozo de suelo firme y se iba haciendo cada vez más pequeño. En resumen, la comida era lo de menos, y podría haber sido incluso repugnante, siempre que la pudiésemos aderezar con nuestros sueños. Pero quizás los momentos más emocionantes que he vivido en las comidas fueron con la gelatina de ternera. Era imposible no creer que, como siempre había una zona hueca en la gelatina, tarde o temprano, mi cuchara penetrase en el tabernáculo secreto de esa roca dorada. Allí, algún Barba Roja estaría esperando su momento y encontraría los tesoros de los cuarenta ladrones. Por eso la excavaba lentamente, con el aliento entrecortado, saboreando cada segundo de emoción. Creedme, no saboreaba la gelatina en absoluto y, aunque prefería su sabor cuando le añadía salsa, siempre la tomaba sola, porque la salsa ocultaba las grietas transparentes.

En su obra *Imaginación*, Ribot expone: «La iniciativa libre de los niños es siempre superior a las imitaciones que pretendemos hacer para ellos».

El anterior pasaje de Robert Louis Stevenson resulta más claro desde el punto de vista científico cuando se relaciona con la obra de Karl Groos *Psicología del juego en los animales*:

El niño está totalmente absorto en su juego, en el vaivén de sus pensamientos como las olas que levanta el viento en el agua; sabe que, después de todo, es de mentira. Tras el falso «yo» que forma parte del juego, se encuentra el «yo» invariable que observa al falso «yo» con serena superioridad.

Queyrat se refiere al juego como una de las distintas fases por las que pasa la imaginación del niño; es «sobre todo una metamorfosis de la realidad, una transformación de lugares y cosas».

Volvamos ahora al punto de vista de Ewing, a saber, que podemos desarrollar la capacidad de distinguir entre lo que es verdad y lo que es falso en los niños.

Personalmente, sugeriría que incluyésemos dos o tres cuentos en los que podamos comprobar dicha capacidad, y si los niños no consiguen ver la diferencia que existe entre inventar una historia y contar una mentira, será evidente que necesitan una atención especial al respecto.

No obstante, aunque hayamos tratado sólo los aspectos negativos de los cuentos, éstos producen efectos más importantes, y estoy convencida de que si tenemos cuidado en la selección de cuentos y los representamos de la forma más artística posible, de manera que la verdad, por así decirlo, se fije en la memoria, corregiremos inconscientemente una tendencia negativa que los niños solos no saben reconocer cuando la critican en los personajes imaginarios. En alguna ocasión se me ha malinterpretado a este respecto y, por eso, ahora quisiera que quedase bien claro. *No me refiero* a que los cuentos deban ser el único vehículo para las enseñanzas morales, sino que muchas veces pueden suplir o reforzar dichas enseñanzas gracias al poder de atracción que tiene la intensidad dramática en la imaginación, que es mayor que el poder de la moral en la conciencia. Un niño puede resistirse a esta última por incomodidad o porque despierta su sentido de la responsabilidad: el niño no puede resistirse a la intensidad dramática porque ésta toma posesión de él antes de que se haya dado cuenta.

Como ejemplo concreto, presento unos versos pertenecientes a un poema llamado «Balada para un niño», escrito hace unos años por un profesor de Eton llamado W. Cory. El poema completo se encuentra en una obra conocida como *Ionica*.[48]

El poema describe una lucha entre dos barcos, uno francés, *Téméraire*, y otro inglés, *Quebec*. El barco inglés fue destruido, pasto de las llamas; Farmer, el capitán, murió, y a los oficiales los hicieron prisioneros:

> They dealt with us as brethren, they mourned for Farmer dead,
> And as the wounded captives passed each Breton bowed the head.

48. Publicada por Geroge Allen & Co.

Then spoke the French lieutenant:
'Twas the fire that won, not we.
You never struck your flag to us; You'll go to England free'.[49]

'Twas the sixth day of October, seventeen hundred seventy-nine,
A year when nations ventured against us to combine.
Quebec was burned and Farmer slain, by us remembered not;
But thanks be to the French book wherein they're not forgot.

And you, if you've to fight the French, my youngster, bear in mind
Those seamen of King Louis so chivalrous and kind;
Think of the Breton gentlemen who took our lads to Brest,
And treat some rescued Breton as a comrade and a guest.[50]

En toda historia, sin embargo, con el fin de conseguir los efectos deseados, debemos abstenernos de participar, tenemos que dejar que los personajes sean juzgados por sus acciones y que los niños decidan con libertad.[51]

En una revisión de Ladd, de *Psicología*, para *Academy*, hay un pasaje que se puede aplicar tanto a cuentos como a novelas:

El novelista psicológico se prepara para escribir breves ensayos sobre cada uno de sus personajes. Si tiene talento, analiza los mo-

---

49. Su espíritu es más elevado, si cabe, que el de Agamenón (en tanto que vencedor en la guerra de Troya): No os encaprichéis con el botín prohibido. Ordenad a los conquistadores que actúen antes que las saetas de la codicia.

50. Nos trataron como iguales / lloraron la muerte de Farmer / y cuando pasaban cautivos heridos, cada bretón inclinaba la cabeza. / Luego habló un teniente francés: / «Fue el fuego quien ganó, no nosotros. / No icéis nuestra bandera; volveréis a Inglaterra libres. / Fue el sexto día de octubre de 1779 / el año en que las naciones se aliaron contra nosotros. / Quebec se quemó y Farmer murió, pero ya ni lo recordamos. / Sin embargo, gracias al libro francés, nunca lo olvidaremos. / Tú, si vas a luchar contra los franceses, recuerda / los amables caballeros del rey Luis / piensa en los caballeros bretones que nos llevaron a Brest / y trata a cada prisionero como un camarada y un invitado.

51. Es curioso que un cuento como *El Gato con Botas* tenga una moraleja en unos lugares, en otros no y, cuando la tiene, difiere. En el valle del Ganges no tiene moraleja, en Cachemira tiene una y en Zanzíbar otra completamente diferente.

tivos con sutileza, presentando a personas sencillas que sufren sorprendentes transformaciones. Si se trata de un novato, se centrará únicamente en la invención. El resultado en ambos casos se aleja mucho del verdadero propósito del Arte. El Arte –cuando todo ya se ha dicho y hecho– es una sugerencia que no necesita ninguna explicación. Haz que resulte obvio, expón todos sus detalles y conseguirás letras muertas.

Una afirmación de Schopenhauer se aplica a las novelas, aunque también es válida para los cuentos:

> La maestría consiste en remover la vida interior con la manipulación posible de las circunstancias, porque la vida interior es la que atrae nuestro interés.

Para provocar efectos duraderos y estimulantes a través de los cuentos, deberíamos incluir algunos en los que se premie la virtud y se castigue el vicio, porque, para entender que la recompensa por la virtud «es la virtud en sí misma», se necesita una mente filosófica muy desarrollada (o haber nacido santo), lo cual, en mi opinión, no es frecuente en niños normales y corrientes (hecho tranquilizador porque cualquier maestro lo confundiría con un antipático presuntuoso).

Una señora de la alta sociedad visitó una escuela de primaria, y mientras escuchaba una historia ficticia, quedó impresionada por el estremecimiento y la emoción que sentían los niños en cada episodio. Pero cuando el cuento terminó, se le ocurrió decir: «¡Pero qué pena que la historia no sea real!».

Obviamente, ese comentario estaba del todo fuera de lugar. La señora no comprendía que la pura ficción tiene una cualidad de la que carece la narrativa histórica: el historiador, preocupado por los hechos reales y la precisión, deja que su héroe fracase sin el más mínimo problema; el poeta (o, como decían los griegos, el «hacedor» de historias) se esfuerza por mostrar el *ideal de la justicia*.

¿Qué estímulo para la virtud, excepto para niños especiales, puede ofrecerse a través de los cuentos sobre hombres buenos que caen en desgracia, como, por ejemplo, Miltiades, Sócrates, Severo, Cicerón,

Catón o César? Sir Philip Sydney, en su *Defensa de la Poesía*, afirma al respecto:

> Sólo el poeta, negándose a resignarse a las limitaciones de jueces, historiadores, gramáticos, retóricos, lógicos, físicos o metafísicos, se levanta con la fuerza de su propia imaginación; crece y transforma su propia naturaleza inventando cosas nuevas como héroes, semidioses, cíclopes, furias y seres fantásticos, de modo que trabaja con la naturaleza, sin limitarse a los pocos dones que ésta otorga, expandiéndose dentro del zodíaco de su propio arte. El mundo de la naturaleza es de bronce mientras que lo que inventa el poeta es de oro.

El efecto de los cuentos no se detiene en la corrección de tendencias nocivas. Hay un efecto positivo a la hora de trasladar el ideal abstracto de la historia a la acción concreta.

Lady Henry Somerset me explicó que, cuando salió de Londres el primer grupo de niños para pasar unas vacaciones en el campo, se sorprendió por la obscenidad de los juegos con los que se distraían. Como experta psicóloga, lady Henry no quiso mostrar que estaba escandalizada ni reñir a los niños en modo alguno. «Me di cuenta –dijo– de que la "bondad" no influía en ellos para nada, así que cambié el ambiente en que se movían leyéndoles o contándoles historias medievales inquietantes sin hacer ningún comentario. Al final de las vacaciones, las actividades habían cambiado: los niños realizaban verdaderos actos de valentía y las chicas se dejaban rescatar de torres en llamas o mazmorras putrefactas». Si bien estas actividades caballerescas resultan cursis, como mínimo resulta evidente que, una vez modificado el ambiente de los juegos, a los niños les resultó más fácil traducir sus acciones en algo más próximo al espíritu de la Edad Media; los niños estarán más dispuestos a salvar a sus hermanas de peligros menos horrendos, pero más reales que las torres en llamas o las mazmorras tenebrosas si previamente se implican en actos peligrosos que sean un sacrificio para ellos.

Y ahora abordemos la cuestión de cómo mantener dichos efectos. Con respecto a la inclusión de la atracción dogmática y directa en los cuentos, es evidente que el primer medio para hacer que la narración mantenga su poder artístico en la mente del niño consiste en evitar ese elemento. Debemos ser cautelosos, como apunto en el siguiente capítulo, para no interferir en la atmósfera que hemos creado en torno a la historia mediante comentarios o preguntas, ya que, de lo contrario, la historia propiamente dicha se vuelve confusa e incoherente en la memoria, no en su aspecto artístico, sino en cuanto a preguntas irrelevantes o comentarios superfluos.

Mucha gente piensa que si son los mismos niños los que representan la historia, ésta permanecerá en su memoria durante más tiempo. Personalmente, me temo que tiene el mismo peligro que la reproducción inmediata del cuento, es decir, que el efecto dramático general es menor.

Aunque si aun así se quiere hacer la dramatización (y no quiero dogmatizar sobre este tema), entiendo que ésta debe limitarse a los hechos y nunca a las fantasías, por eso pongo de manifiesto la inutilidad de la dramatización en las historias fantásticas.

Según Horace E. Scudder:

> Nada ha hecho más por la vulgarización de la fantasía que su introducción en el escenario. El encanto de los cuentos de hadas radica en su total separación de la experiencia humana: el encanto del escenario consiste en la representación en miniatura de la vida humana. Si se oye hablar a una rana, si un perro se convierte en príncipe delante de nuestros ojos al verterle agua fría encima, desparece el encanto de los cuentos fantásticos y, en su lugar, nos encontramos con la perplejidad de la prestidigitación. Como el mundo de la fantasía se encuentra en la imaginación, cometeremos un grave error si la arrastramos más allá de su misterioso escondite y la reduciremos a cenizas si la colocamos bajo la luz del entendimiento.[52]

Tengo que admitir que los maestros tienen argumentos de peso cuando reclaman esta reproducción de los cuentos y utilizan tres argumentos que me parecen válidos, pero no me convencen porque, en mi opinión, se pierde más que se gana.

---

52. De *La infancia en la literatura y el arte*, de Hans Christian Andersen.

El primer argumento que defienden consiste en que con la dramatización de los cuentos el niño aumenta y mejora su léxico. Estoy de acuerdo con este punto de vista, pero como considero que los momentos que se destinan a contar cuentos son preciosos y muy especiales y crean un efecto duradero en la mente del niño, no me parece importante exigirle a un niño que mejore su léxico a expensas de la totalidad dramática y de la forma literaria en que se presenta la historia. Sería como utilizar la Biblia para mejorar la pronunciación. Opino que las cosas han sido así hasta ahora, aunque existan blasfemos que planten sus manos impías en Shakespeare o Milton para este propósito.

Seguro que hay otras lecciones, como he comentado cuando he tratado el tema de la reproducción de los cuentos, al margen de la dramatización, de carácter más práctico, que se pueden emplear para este propósito: los hechos históricos (me refiero a los meros hechos, comparados con las verdades profundas) y los geográficos. Lo cierto es que, por encima de todo, con lo que se puede aumentar y mejorar el léxico es con las lecciones de gramática. Prefiero dedicar la hora de la narración a algo más elevado que estas excelentes pero utilitarias consideraciones.

El segundo argumento que utilizan los maestros es que a los niños les satisface participar en la dramatización de los cuentos. Esto también me llama mucho la atención; hay otras maneras de satisfacer los deseos de los niños y preservar el dramatismo, como permitirles, de vez en cuando, que representen sus propias invenciones; en mi opinión, tiene una enorme importancia pedagógica: se trata de un trabajo original y creativo, y, al margen del disfrute de su representación, se produce un interesante proceso de comparación que pone de manifiesto la diferencia entre sus primeras tentativas y el producto artístico final. Esta diferencia la pueden descubrir mediante su propia capacidad de observación si los profesores no se apresuran a señalarla.

Aquí tenemos una breve y original historia, recopilada por el psicólogo francés Queyrat en su obra *Jeux de l'Enfance* y escrita por un niño de cinco años:

> Un día fui al mar en una barca, de repente vi una enorme ballena y salté de la barca para cogerla, pero era tan grande que caí en

su lomo y me senté con las piernas abiertas y todos los peces se reían al verme.

Éste es un drama completo y excitante con una maravillosa descripción y una intensa aventura. No creo que podamos ofrecer algo mejor para que lo represente un niño tan pequeño y pueda estimular más su imaginación.

Aquí tenemos otro, citado por Loti, aunque no se menciona la edad de su pequeño autor:

Había una vez una niña que vivía en las colonias y abrió un melón gigante del que salió una bestia verde, que le picó y la niña se murió.

Loti añade:

Las expresiones «que vivía en las colonias» y «un melón gigante» son suficientes para sumergirnos en un sueño. Imagino árboles tropicales y bosques frondosos repletos de maravillosos pájaros. ¡Es la magia de la simple palabra «colonias»! En mi infancia imaginaba muchísimos países lejanos bajo un sol abrasador, con palmeras, enormes flores, nativos negros, bestias salvajes y sus infinitas posibilidades de aventura.

Reproduzco el texto íntegro, porque muestra con mayor claridad la fuerza mágica de las palabras para evocar imágenes, sin necesidad de representaciones físicas. Todo lo contrario al efecto que producen las imágenes que se presentan ante los ojos físicos, que no permiten que el niño disfrute de la fantástica oportunidad de formarse su propia imagen mental.

Cada vez estoy más y más convencida de que el extraño poder de la visualización está justificado por la falta de práctica mental de la que hemos hablado en estas líneas.

El tercer argumento que utilizan los maestros a favor de la dramatización de los cuentos supone una vía para descubrir lo que el niño ha aprendido en realidad del relato. Este argumento no tiene el menor interés para mí.

En primer lugar, mi experiencia me ha enseñado que el niño no es consciente de que algo le ha impresionado profundamente: es un tema muy personal. Pero sí que aprende a reconocer lo que se espera de él y se guarda una serie de comentarios que al profesor le parecen aceptables. ¿Cómo podemos juzgar la profundidad de los efectos de un cuento en ese caso, o cómo puede un niño describir, sólo mediante dramatización, los sutiles elementos que alguien ha intentado incluir? Asimismo, es posible comprobar, utilizando una regla, el efecto que producen el sol y el agua sobre una planta en vez de disfrutar de la belleza de su lento pero seguro crecimiento.

En este sentido, ¿por qué tanta prisa por constatar qué efectos produce un cuento? ¿Tanto importa que sepamos, hoy o mañana, cuánto ha comprendido el niño? Por mi parte, confío tanto en ese efecto que estoy dispuesta a esperar de manera indefinida. Lo que a mí me preocupa es que la primera representación sea realmente dramática y artística.

La tarea de los maestros que imparten asignaturas generales es mucho más sencilla. Los que enseñan ciencias, matemáticas, e incluso historia y literatura, pueden valorar con precisión lo que han asimilado sus alumnos mediante exámenes, pero las enseñanzas de los cuentos no se pueden medir de una manera tan sencilla.

Carlyle afirma:

> Una cosa es cierta: si lo que quieres es plantar para la eternidad, planta en las más profundas e infinitas facultades del hombre: su fantasía y su corazón. Si lo que quieres es plantar para un día o un año, planta entonces en sus facultades superficiales: su amor propio y su conocimiento aritmético.[53]

Si utilizamos el maravilloso arte de contar cuentos de la forma que he intentado explicar, los niños que han sido confiados a nuestro cuidado serán un día capaces de rendirnos el homenaje que Björnson rindió a Hans Cristian Andersen:

---

53. *Sartor Resartus,* libro III pág. 218.

Wings you gave to my imagination
Me uplifting to the strange and great;
Gave my heart the poet's revelation,
Glorifying things of low estate.
When my child-soul hungered all-unknowing,
With great truths its need you satisfied:
Now, a world-worn man, to you is owing
That the child in me has never died.[54]

54. Diste alas a mi imaginación / elevándome a lo asombroso y lo grande. / Diste a mi corazón la revelación del poeta / glorificando hasta lo más insignificante. / Cuando mi alma ansiaba conocimiento / la alimentaste con grandes verdades. / Ahora que soy un hombre de mundo te debo / que el niño en mí nunca muera.

CAPÍTULO 7

PREGUNTAS FORMULADAS POR LOS MAESTROS

Las siguientes preguntas me las han formulado los maestros con bastante frecuencia tanto en mi país como en Estados Unidos, y, en mi opinión, son útiles para la finalidad de este libro. Me gustaría expresar mi gratitud a los profesores que me han planteado sus dudas al final de mis conferencias, porque me brindan la oportunidad de expresar mis puntos de vista sobre aspectos muy diversos, así como de aclarar, a través de la investigación y la reflexión, cuestiones que yo ya daba por sentadas. Asimismo, han hecho que mi opinión variara en cierto sentido en casos concretos, evitando que me convierta en una persona dogmática en cuanto a los métodos de los demás.

¿Por qué es necesario invertir tantos años en el arte de contar cuentos, cuando, en definitiva, ocupan un espacio muy limitado dentro de la literatura?

Por la misma razón que un actor debe prepararse durante muchos años para salir al escenario, a pesar de que la literatura dramática sea sólo una rama de la literatura general. El mundo de la fantasía es el escenario legítimo de los niños. Ellos disfrutan de las dramatizaciones tanto como nosotros, pero dado que los buenos contadores de cuentos son, en comparación, muy pocos, sus necesidades dramáticas nunca están del todo satisfechas. ¿Cuál es el resultado? O bien los llevamos a representaciones propias de personas mayores o creamos teatros infantiles en los que las obras, todas ellas encantadoras, no contengan los elementos esenciales que constituyen el drama (o pierdan parte de su valor para poderse adaptar a la capacidad de los niños). En este sentido, lo más sensato es que, mientras que el niño es pequeño, se limite a escuchar cuentos porque a esa edad su imaginación es más viva y disfruta con sus visualizaciones interiores. No necesita, como nosotros, estímulos artificiales que le ayuden a imaginar las escenas.

¿Qué hay que hacer cuando un niño pregunta: «¿Todo lo que se cuenta es verdad?»

Espero que no se me considere demasiado soñadora si respondo que es muy fácil explicar, sobre todo a los niños más pequeños, que la verdad es relativa, que todo depende de los ojos con que se mire. De lo contrario, habrá que decirles a nuestros hijos que las personas mayores no ven las cosas que los niños ven.

Queyrat afirma en su *Imagination Créatrice:*

> Para penetrar en lo más profundo de la mente infantil, uno tiene que transformarse en uno de ellos; es un problema considerar al niño como un adulto. Los niños que observamos viven y crecen en una comunidad civilizada y, como consecuencia, el desarrollo de su imaginación no es nunca libre y completo porque la educación racionalista de padres y educadores lo evita. Cuando su imaginación quiere alzar el vuelo, se ve reprimida por una fuerza antagónica que la trata casi como una locura incipiente.

Resulta bastante sencillo enseñar a los niños que si uno mantiene las cosas en el lugar que les corresponde, éstas serán verdaderas en relación a las demás, pero si se sacan fuera del ámbito de la ensoñación y se llevan al terreno de la realidad, el resultado siempre es incoherente.

Pongamos un ejemplo: la llegada de la carroza con forma de calabaza, conducida por ratones, concuerda a la perfección con la Cenicienta, y nunca he oído que ningún niño se quejara de la inverosimilitud de viajar en una hortaliza gigante conducida por roedores. Sin embargo, si le planteamos al niño la posibilidad de que dicha carroza circulara junto a los vehículos de verdad por una autopista o entre camiones cisterna, no se lo creerán y les parecerá una soberana tontería.

Teniendo claro este punto, los niños abandonarán la idea de que los cuentos de hadas son sólo para ellos y no también para los adultos y, a partir de ahí, llegarán a la conclusión de que la mente infantil del poeta y del soñador es la que continúa apreciando estas cosas; que sólo los ojos de las personas sombrías se nublan y son incapaces de ver las maravillas que un día vieron. En su ensayo *La poesía y la vida* (Glasgow, 1889), el profesor Bradley comenta lo siguiente:

> Gracias a la poesía, que no sólo expresa emociones, sino que también otorga vida a la masa muerta que son nuestras experiencias, y de este modo el mundo cobra significado.

Esto es aplicable tanto a niños como a adultos. Puede suceder que mientras se cuenta un cuento, y gracias a un poema o a una narración dramática emotiva, el niño reciba una repentina inspiración en cuanto a las posibilidades de la vida que, hasta ese momento, no había percibido en su vida cotidiana en la escuela.

> La poesía es una forma de representar la verdad, pero en ella también se incluyen, como apuntan sus detractores, la desilusión y la mentira. No podemos negarlo, porque la ilusión es consciente y nadie quiere defraudar y nadie acaba defraudado. Pero mejor sería decir que la poesía falsea los hechos literales para obtener una verdad elevada. En primer lugar, para representar la conexión que existe entre la parte más significativa (la experiencia) y la menos significativa (la poesía). En lugar de unirlas a través de un vínculo que pase por los objetos intermedios, uno a uno, salta de uno a otro. Por eso a veces se entra en conflicto con el sentido común.

Este fragmento refleja la verdad más importante sobre los cuentos de hadas y los poemas. Sería interesante recuperar algunos de esos cuentos y tratar de descubrir en qué momento se alteran los hechos probables para obtener una verdad mayor.

Tomemos *La Cenicienta*: la carroza y las calabazas, así como toda la magia que las rodea, son falsas con respecto a la realidad, pero ¿no es una verdad mayor que la Cenicienta consiguiera escapar de su miserable vida imaginando las maravillas que podría encontrar fuera? Lo cierto es que todos hemos viajado alguna vez en carrozas con forma de calabaza.

Veamos ahora el mito de *Psique* en cualquiera de las formas que se presenta en el folclore. La transformación mágica de la amante es falsa, no puede ser real, pero ¿no es una verdad más elevada que todos seamos capaces de transformarnos dependiendo de las circunstancias, y que el amor y el coraje superen todas las dificultades?

Hablemos ahora del cuento de los *Tres Ositos*. Nadie se cree que los osos sean hospitalarios con unos niños que se meten en su territorio, pero ¿no es una verdad todavía mayor que la valentía reduce o evita el peligro?

En el caso de la historia de *Juan y la habichuela mágica*, el drástico crecimiento del tallo y el encuentro con el gigante son hechos decididamente falsos, pero ¿no es una verdad de lo más elevado que el espíritu aventurero e intrépido nos aleja de la realidad y de los sórdidos acontecimientos de la vida?

Estas consideraciones, en conjunto, son demasiado sutiles para los niños, y explicarlas acabaría con el interés y la emoción de un cuento; sin embargo, es positivo para aquellos que van a representar las historias, ya que les proporciona un argumento importante ante las objeciones de las personas con poca imaginación ante la futilidad, si no inmoralidad, que representan esas historias primitivas, además de disipar nuestras propias dudas para que podamos justificar su uso, si es que necesitamos tal justificación.

Por mi parte, estoy del todo de acuerdo con que, dado que los primitivos también forman parte de la historia, es una tontería ignorarlas desde el punto de vista evolutivo, lo que constituye su mayor importancia, y tan sólo desde el punto de vista de la conveniencia puedo defender las verdades potenciales que contiene.

¿Qué hacemos si a un niño no le gustan los cuentos de hadas?

Este caso es frecuente. En este sentido, lo primero que debemos averiguar es si su insatisfacción se debe a una naturaleza terca y prosaica, a una incapacidad real para visualizar las imágenes fantásticas o mágicas que presenta la historia, si es (y ésta suele ser la razón real) porque le repugna creer lo que su intelecto califica como falso, o si se debe a que el pequeño considera que es demasiado mayor para disfrutar con los cuentos, que suele relacionar con niños de muy corta edad.

En el primer caso, hay que insistir hasta que se desarrolle su imaginación, que ahora está latente. Si el niño se queja de la falta de veracidad, podemos enseñarle las múltiples caras que tiene la verdad, como sugerí al responder a la primera pregunta. En los demás casos, debemos dejar claro que el placer por escuchar cuentos aumentará con los años, y que mientras más intenten convencerse de algo mediante la experiencia o el conocimiento, más se alejará de ella.

Pongamos un ejemplo concreto como, por ejemplo, Papá Noel. Ya casi no existe ilusión por este personaje, porque hemos acabado con todo su misterio metiéndolo literalmente en todos los grandes almacenes durante las Navidades.

Además, el mito original nunca debe desaparecer; el vínculo se puede mantener con facilidad contándoles a los niños poco a poco que el Papá Noel en el que creían con una fuerza misteriosa e invisible no es otra cosa que el espíritu de la caridad y la fraternidad que invita a tener en cuenta a los demás, y que ese espíritu suele tomar forma de regalos. Podemos llegar más lejos y mostrarles que el espíritu navideño puede hacer algo más que hacernos regalos, de manera que la leyenda infantil adquiera unos buenos cimientos sobre los que puedan erigir sus vidas.

¿No será que una de las razones por la que los niños rechazan los cuentos es porque se les ofrece un material muy pobre? En general, pueden ser muy aburridos, salvo algunas excepciones, que revolucionan la apreciación literaria del niño y hacen que salten chispas de emoción hasta de lo más prosaico.

Qué es preferible, ¿aprenderse un cuento de memoria o que cada cual utilice sus propias palabras?

Depende en gran medida del tipo de cuento. Si su estilo es clásico o su interés está estrechamente relacionado con el estilo, como ocurre en Andersen, Kippling o Stevenson, es mejor aprendérselo de memoria. Pero si el proceso de memorización resulta muy largo (me refiero a quienes no se dedican a contar cuentos en exclusiva), o hace que el resultado sea artificial y desfasado, entonces conviene leerlo varias veces, empaparnos de él, anotar aquellos pasajes que puedan añadir intensidad dramática y no preocuparnos por la precisión.

Por ejemplo, la historia de Pandora, como aparece en *El libro de las maravillas* (en *Cuentos de Tanglewood*, de Nathaniel Hawthorne) se puede abreviar para niños muy pequeños, de forma que dejemos el diálogo dramático entre los dos niños, que el cuentacuentos puede memorizar con facilidad y que llamará más la atención de los pequeños. En el caso de niños más mayores, si tomamos una bonita historia medieval como *El Juglar de Nuestra Señora*, de Anatole France, pero en la versión de Wickstead, es prácticamente imposible que el texto original mantenga el interés del público, pero si omitimos buena parte del material, podemos intentar contar los fragmentos más característicos que resumen la historia. Por ejemplo, ante su actuación, el juglar se lamenta: «¿Qué estoy haciendo? Porque no hay nadie más necio que el que rivaliza con todos los demás por servir a Dios». Y tras su acto de devoción: «Señora, éste es un comportamiento ejemplar. No lo hago por nadie, nada más que por ti; ayúdame, Señor, y podré enorgullecerme de que servirte no sea una obligación para mí, sino una recompensa».

Por otra parte, hay contadores de cuentos muy talentosos que sólo son capaces de contar los cuentos con sus propias palabras. En mi opinión, un narrador completo utiliza ambos métodos.

¿Cómo se debe preparar un cuento?

De nuevo, la preparación dependerá del tipo de cuento que vayamos a contar: si debemos memorizarlo o adaptarlo a una edad o a un tipo de niño en concreto, o si debemos contarlo íntegro, con nuestras propias palabras. No obstante, existe una preparación idéntica para cualquier tipo de cuento, que consiste en madurarlo un tiempo, hacerlo nuestro hasta que consigamos la atmósfera apropiada y, después, intentar que los personajes vivan de verdad el contexto, en particular en el caso de los seres inanimados. Y en esto destaca Hans Christian Andersen.

Horace Scudder comenta de él:

> Mediante una especie de transmigración, las almas se encarnan en soldados de plomo, peonzas, cerditos-hucha, monedas, zapatos e, incluso, en objetos tan insólitos como agujas de zurcir, y cuando comienzan a manifestarse en el interior de esos cuerpos, aparentemente tontos e inanimados, lo hacen en consonancia con las condiciones habituales de los cuerpos que ocupan, aunque muchos de esos objetos vean incrementadas sus posibilidades por estar dotados de almas.[55]

Sabremos que el cuento está muy trabajado cuando dejemos de pensar en dichos objetos como en seres inanimados. Pensemos en algunos personajes de Andersen. Veamos el *Soldadito de plomo*. En mi opinión, dado que he vivido la historia, se trata de un héroe de vedad, que ha conseguido un puesto por ser uno de los más valientes soldados de la historia o de la ficción. Acabé olvidando por completo el hecho de que fuese de plomo, excepto cuando me fijé en los seres tan extraños contra los que luchaba o cuando dejé de admirar la forma con la que Andersen elabora su símil de la cuchara de plomo, la rigidez del mosquete y las lágrimas del metal. Veamos ahora *La pareja de enamorados*, de Andersen. A excepción de la encantadora manera que tienen de discutir la peonza y la pelota sobre las virtudes del corcho o la caoba de sus ancestros, podríamos olvidarnos por completo de que no son seres humanos, ya que tienen sus pasiones y sus debilidades, características de la juventud.

En cuanto a *El Escarabajo*, ¿quién piensa en él como un espécimen entomológico? ¿No es un símbolo del viajero satisfecho que sólo apren-

---

55. De *Los niños en la literatura y el arte.*

de la importancia de su propia personalidad durante sus viajes? ¿Y la aguja de zurcir? ¿Es posible separar el interés humano por la ambición de esta minúscula pieza de metal?

Este mismo método, aplicado a la preparación de cualquier cuento, demuestra que muchas veces podemos pasar de simple intérprete a creador; es decir, que los objetos cobran vida en respuesta al interés que pongamos en reconocer su propia capacidad para vivir.

Como sugerencia práctica, sería aconsejable que en cuanto se superen las dificultades propias del texto (si se va a memorizar se tratará sólo de la cansada tarea de repetirlo una y otra vez), se empiece a trabajar el cuento desde un punto de vista dramático: las palabras se tienen que pronunciar siempre en voz alta, en muchas ocasiones antes de narrar la historia en público, porque al escuchar su sonido se nos ocurrirán otras nuevas y crearemos nuevas imágenes mentales, mejor que con ningún otro sistema. Se trata de una especie de ensayo cuyos resultados se pueden modificar cuando el cuento se narre ante un público. En el caso de que se aprenda el cuento de memoria, aconsejo buscar, en primer lugar, la perfección en el lenguaje y no intentar conseguir efectos dramáticos hasta que no la hayamos hecho nuestra; por otra parte, si preferimos utilizar nuestras propias palabras, se deberán tener en cuenta los efectos a medida que se narra durante la preparación. A menudo, los gestos, las pausas y la expresión facial nos ayudan a determinar el vocabulario que vamos a escoger, aunque durante la representación en público se pueda modificar un poco el resultado. Es recomendable ensayar los gestos delante del espejo, porque éste será un amigo de confianza, totalmente sincero, y evitará que caigamos en errores garrafales. De este modo obtendremos resultados satisfactorios. Si no nos gustan nuestros gestos (con la práctica seremos más críticos), puede deberse a que no confiemos en la capacidad del público para imaginar y visualizar. Conviene tener en cuenta que demasiado énfasis en los gestos es tan poco elegante y tan ineficaz como un tono exagerado o un lenguaje rebuscado.

Pero antes de decidirnos por un gesto o una expresión determinada, hay que tener en cuenta a los personajes principales del cuento y ver cómo podemos dejar que se presenten ellos mismos en lugar de explicarlos nosotros, porque la cosa cambia notablemente. El mayor homenaje que se le puede rendir a un narrador, del mismo modo que a un actor, es el hecho de que olvidemos durante un tiempo su personalidad, porque significará que se ha identificado por completo con el personaje que interpreta.

Cuando descubramos qué quieren hacer los personajes principales, podremos dejarlos libres para que actúen.

Me gustaría mostrar una historia como ejemplo. Se trata de la leyenda budista de *El león y la liebre.*[56]

En este caso, el león y la liebre son los protagonistas, mientras que los demás animales no están tan individualizados y desarrollan menos cualidades.

Las características fundamentales de la pequeña liebre son su nerviosismo, su exigencia y su gran imaginación. Debemos tener todas ellas en cuenta cuando aparezca en escena. Por suerte, nos introducen con facilidad en la representación dramática. El león, por su parte, tiene un gran corazón y la mente abierta, lo cual nos permite presentarlo con otros atributos además de su belleza y su extraordinaria fuerza (aunque escandalicemos, una vez más, a los estudiantes de ciencias naturales). Y es que esos añadidos lo hacen más interesante que un simple león bonachón que raramente se encuentra en los cuentos, porque casi siempre estos animales son fieros y soberbios.

Evidentemente, los adultos sabemos que el león es el alter ego de Buda, pero los niños lo desconocen, aunque tampoco es necesario que lo sepan; no obstante, captarán la idea de que es un león poco común, que no encontramos en las aventuras de Paul Du Chaillu ni en el ambiente seudodoméstico de un zoo. Si nuestra representación es viva, transmitiremos con facilidad todo lo que queramos. Eso forma parte de lo que yo denomino «la atmósfera de la historia», que, como en una fotografía, sólo se puede obtener tras una larga exposición. En pocas palabras, para la preparación del cuento, hay que invertir cierto tiempo en la reflexión y prestarle mucha atención.

Dado que ambos animales son los personajes más importantes, deben resaltarse de forma más llamativa que el resto, y en lugar de presentarlos en detalle, sólo se deben sugerir. Por ejemplo, podemos dar al

56. *Véase Eastern Stories and Fables,* publicado por Routledge.

elefante un gesto concreto, caminando con elegancia; podemos ponerle un ceño fruncido al tigre y una sonrisa arrogante al camello (fruto de la maravillosa imaginación de Kipling). Pero si se le concede un gesto determinado a un animal, la totalidad del cuento será monótona y los personajes secundarios pasarán al primer plano, lo que obstaculizará la acción y dejará poco espacio para la imaginación de los oyentes. En mi opinión, la repetición es eficaz, pero tiene que ser menos marcada a medida que los personajes van abandonando la escena.

Ahora bien, ¿qué impresión queremos dejar en la mente del niño, además de la diversión con la dramatización y el interés que hemos querido despertar en él? Sobre todo deseamos que sea consciente del peligro que encierra el pánico. Un método para lograrlo (¡el mejor!) consiste en decir al final: «Y bien, niños, ¿qué nos ha enseñado el cuento?». A propósito de este método, lord Morley opina lo siguiente: «Creer que inculcar directamente la moral probará la inutilidad de un instrumento y la futilidad de un método; es una realidad para el sabio y un rompecabezas interminable para el cretino».

Si este método directo fuese efectivo, podríamos ignorar el pequeño drama y decir: «Es de tontos ser nerviosos. Es peligroso afirmar cosas sin fundamento. Las personas con una mente abierta entienden mejor las cosas que los cerrados de mollera».

A pesar de que estas afirmaciones abstractas son tan ciertas como las tablas de multiplicar, el niño puede retenerlas en su memoria (o no), pero nunca actuará teniéndolas en cuenta.

Por el contrario, hay que poner toda la pasión artística posible en la representación de la historia y, sin que hagamos el menor comentario, el niño sentirá la intensidad dramática de un enorme grupo de animales alarmados por las alocadas palabras de una liebrecilla irresponsable. Dejemos que sientan la majestad y la serenidad del león que demuestra su autoridad, su trato amable pero firme con la necia liebre; hagamos que vivan intensamente el glorioso final en que todos los animales se van convencidos de su locura y descubriremos que hemos empleado el mismo método que el león (que debía ser uno de los seguidores de Froebel) sin necesidad de añadir nada más.

¿Es positivo comentar la historia con los niños y animarlos a que hagan preguntas?

No. Aquello que queramos conseguir tendremos que hacerlo a través de medios dramáticos, y éstos desaparecerían si comenzamos a analizar un cuento con preguntas y explicaciones.

El medio adecuado para contar cuentos es (o debería ser) puramente artístico, que acompañe al niño a través de los sentimientos. Apelar al intelecto o a la razón son métodos diferentes que se deben utilizar en otros momentos. Cuando disfrutamos del aroma de una flor o de la belleza de su color, no comentamos su clasificación botánica, del mismo modo que en clase de botánica no empezaremos a hablar de lo mucho que las flores alegran la vida.

Desde un punto de vista práctico, no conviene animar a los niños a que hagan preguntas, porque podrían alterar la atmósfera que se ha creado debido a preguntas irrelevantes que se les ocurren por casualidad. Así, cuando quisieran evocar el cuento, sólo recordarían la conversación surgida a raíz de las preguntas.[57]

Recuerdo que una vez, mientras intentaba, de la mejor manera posible, captar el interés de unos niños que asistían a la representación de *El soldadito de plomo*, e incapaz de resistir la tentación de emplear el método fácil de la pregunta directa, del que ya reconozco su inutilidad, les dije:

—¿No creéis que ha sido precioso que la bailarina saltara al fuego para estar con el soldadito?

—Vaya –contestó un prosaico jovencito de seis años–, yo pensaba que la había empujado la corriente.

¿Es conveniente que los niños repitan el cuento después de haberlo escuchado?

Rotundamente no. Aunque a todos nos guste la idea moderna de dejar que el niño se exprese por sí mismo con sus propias palabras, esta «autoexpresión» no debe limitarse a la burda repetición. He tratado este

---

57. *Véase* el capítulo I.

tema con mayor detalle en otra parte del libro. La hora del cuento es un momento en que los niños deben comprender, no repetir (aunque los modernísimos crean que hay momentos para eso).

Después de que un experto cuenta cuentos, tras una cuidadosa preparación, lo ha relatado dando lo mejor de sí mismo, y pedirle a un niño que repita la historia con su léxico imperfecto y sin el más mínimo don de palabra (siempre me refiero a un grupo normal de niños, no de genios) es tan ridículo como si, tras la ejecución de una pieza musical a cargo de un gran artista, se le pidiese a alguien del público que subiese al escenario y tocase su propia versión. Aparte de lo absurdo que sería, se acabaría con la magia de la obra y el talento, de cuya pérdida también habría participado el propio ejecutante.[58] Además, defiendo que cinco minutos de completo silencio al final del cuento ayudan al niño a retener contenidos mucho más que cualquier intento de reproducción. En los momentos posteriores al cuento, me parecen particularmente aplicables las indicaciones que el Dr. Montessori presenta en su maravilloso capítulo dedicado al «Silencio».

¿Se debe animar a los niños para que ilustren los cuentos que han escuchado?

Esta práctica me parece de gran interés tanto para los maestros como para los alumnos. Creo que es un experimento encomiable, pero sólo si se utiliza de vez en cuando. No obstante, dudo mucho de que dichas ilustraciones reflejen la impresión que ha quedado en la mente del niño. Se trata de la misma cuestión que se plantea cuando se le pide, o él mismo pide, reproducir el cuento con sus propias palabras: lo inusual del medio del que se valen las narraciones hace casi imposible que el niño lo maneje con la destreza necesaria para expresar lo que tiene en mente, a menos que se trate de un «niño-artista» o que su capacidad de expresión sea fuera de lo común.

Tengo la impresión, confirmada por muchos maestros, de que existe una mezcla de decepción y felicidad, porque el niño se da cuenta de

58. A este respecto, tengo, en Inglaterra, el apoyo del Dr. Kimmins, concejal del condado de Londres, que se opone tajantemente a la repetición inmediata de los cuentos.

que no es capaz de expresar, ni de lejos, lo que ha podido ver con su «ojo interior».

Recuerdo que una maestra de una guardería me contó que un día explicó en clase una escalofriante historia sobre un caballero e, inmediatamente, uno de los niños le pidió permiso para dibujarlo en la pizarra. Una petición tan espontánea no se podía rechazar, de modo que el aspirante a artista empezó a dibujar la imagen que visualizaba del caballero. Cuando terminó el dibujo, el niño se detuvo para observar el resultado, soltó la tiza y exclamó con tristeza: «Me lo imaginaba más guapo».

No obstante, salvo por el problema añadido de que los demás niños vean un dibujo bastante inferior a lo que se estaban imaginando, apruebo este tipo de experimentos, siempre que no se tomen como datos literales de lo que el niño ha imaginado en realidad. Sin embargo, creo que lo mejor hubiera sido que el niño dibujara en su mesa, no en la pizarra, para que sólo lo viese el profesor y no se viera expuesto a todos los compañeros, a no ser que el niño sea un dibujante excepcionalmente bueno. Uno de los efectos más beneficiosos que genera este tipo de experimentos es demostrar al niño lo difícil que es transmitir la impresión que se desea; eso resultará de ayuda en el futuro para saber apreciar la belleza del trabajo de un artista.

Me imagino las burlas que mis comentarios provocan en las escuelas futuristas, pero de acuerdo con mis teorías, quiero expresar lo que de verdad he comprobado, aunque alguien pueda pensar que estoy equivocada.[59]

¿En qué medida se puede utilizar el método de contar cuentos en las clases ordinarias?

Esta pregunta es demasiado extensa como para responderla por completo en una obra general como ésta; sin embargo, me gustaría mostrar

59. Estas observaciones están referidas, únicamente, a aquellos casos en los que se ilustran los cuentos que se cuentan. Es evidente que hay que alentar a los niños a que se expresen dibujando (lo cual es muy distinto a pedirle a un niño que exprese, de un modo concreto, lo que se le ha explicado a través de otro método diferente). La aplicación de esta metodología a los cuentos seguirá siendo un tema de amplio debate.

uno o dos ejemplos para ilustrar cómo puede incluirse la narración de cuentos.

Siempre he pensado que la única forma de que una clase de historia o de literatura resulte amena, de manera que el alumno (con independencia de su edad) se interese por ella, consiste en tomar un hecho concreto y presentarlo con un lenguaje espléndido y de la forma más dramática posible, en lugar de obligar a los niños a escuchar interminables listas de acontecimientos sobre el área ficticia de un reino.

Para poner un ejemplo práctico: supongamos que estamos hablando sobre Grecia, con su historia, su geografía o su literatura. ¿Acaso una simple lista de datos es capaz de dar una idea más clara de la vida de los griegos que las narraciones de Homero, Esquilo, Sófocles o Eurípides?

En cuanto a la historia de Islandia, ¿qué nos daría una idea gráfica más aproximada del carácter y las costumbres de los islandeses que una de sus famosas sagas, como *El incendio de Njal* o *La muerte de Gunnar*?

En la enseñanza de la historia de España, ¿qué otra cosa haría que los alumnos captasen mejor la figura del caballero andante, con sus virtudes y sus defectos, que un fragmento de *El Quijote* o de *El Cantar de Mio Cid*?

En pocas palabras, las historias y los cuentos precisan con tanta fuerza la imaginación que son capaces de iluminar todo el período histórico que queramos ilustrar, manteniéndolo vivo siempre en la mente.

Además de la presentación dramática de los acontecimientos históricos, se pueden introducir las narraciones breves para retratar a un personaje preciso porque, aunque dichas narraciones sean insignificantes en sí mismas, arrojan luz sobre el personaje, destacando el pensamiento que se oculta tras sus acciones; a eso me refiero cuando hablo del método dramático.

Por ejemplo, supongamos que, en un relato sobre la vida de Napoleón, después de explicar con todo detalle sus campañas, su política europea, su voluntad de hierro, etc., se diese, de golpe, una idea de la complejidad del personaje explicando cómo sacó el tiempo necesario para compilar un catecismo que se utilizó durante muchos años en las escuelas francesas. ¡Cuántas anécdotas de este tipo se pueden contar sobre Nerón, César, Enrique VIII, Lutero y Goethe!

Por ejemplo, en vez de centrar la vida y milagros de Enrique VIII en las veces que contrajo matrimonio y las cabezas que fue cortando a sus esposas, ¿por qué no hablamos de su lado artístico y de su impagable contribución a la música?

Tal vez resulte excesivo para las clases de historia, aunque no lo es. Y ¿no se podría introducir también la forma dramática en la geografía? La aventura que supuso el canal de Panamá, la posición de Constantinopla y cómo afectó a la historia de Europa, la forma de Grecia, Inglaterra como isla, la localización del Tíbet, el interior de África. ¡Qué cuentos más precisos podrían inventarse con estos temas!

¿Qué debe predominar en un cuento, el elemento dramático o el poético?

Se trata de otro tema que merece un amplio debate. Desde mi experiencia, he llegado a la conclusión de que, aunque ambos son ingredientes necesarios en toda narración, el elemento dramático debe prevalecer dada la naturaleza de la representación y porque llega a más niños, al menos entre los niños corrientes. Casi todos los niños muestran tendencias dramáticas porque les encanta la acción (y no necesariamente una acción de la que tengan que formar parte). Sin embargo, el niño que se siente atraído por el lado poético es muy raro y, del mismo modo que la acción debe ser rápida en el escenario y requiere más atención que un poema (aunque sea dramático), lo mismo tiene que ocurrir en una narración. Los niños representan el papel dramático en su imaginación; el lado poético, en cambio, se presenta con colores suaves y de una forma tan sutil que se les escapa. Obviamente, hay que incluir elementos poéticos para satisfacer necesidades no expresadas de los niños, pero su necesidad de dramatismo es más obvia y mucho más fácil de satisfacer.

¿Cuál es el valor educativo del humor en los cuentos que contamos a nuestros niños?

Mi respuesta es que el sentido del humor es mucho más de lo que normalmente se entiende. Hay mucha gente que confunde el sentido del humor de hacer una gracia insulsa con algún elemento del cuento. Lo cierto es que es algo mucho más sutil que eso. Fue Thackeray quien afirmó: «Puede que el humor tenga que ver con la risa, pero el humorista pretende despertar y dirigir nuestra capacidad para amar, para sentir pena, para ser agradables, para desdeñar la mentira y la pretensión, para mostrar compasión por los débiles, los pobres, los oprimidos y los infelices, a toda costa». Es por eso que la inclusión del humor no depende sólo de la dudosa diversión resultante de una incongruencia. Debe inculcar el sentido de la proporción, mostrar al niño la posición real que ocupa en el universo y evitar una idea exagerada de su propia importancia. Sirve del mismo modo para desarrollar la lógica, evitando conclusiones precipitadas. Reduce el tiempo a causa de las payasadas y las bromas. Proporciona una percepción clara de cualquier situación y capacita al niño para que tenga en cuenta el punto de vista de los demás. Es como un primer intento de inculcar la filosofía en la mente infantil y evita gran parte del sufrimiento que se produce más tarde por los palos que da la vida, ya que el sentido del humor nos enseña, desde la más tierna edad, a no esperar demasiado. Esta filosofía se debe desarrollar sin cinismo, sin pesimismo, sin matar la alegría de vivir.

Es difícil hacer comprender que esos resultados tan trascendentales se consiguen mediante el humor, lo cual es muy diferente a divertirse y reírse, que también tienen su lugar en el plano pedagógico.

Desde mi propia experiencia he aprendido que el desarrollo del sentido del humor es muy lento en la mayoría de los niños. Es natural y deseable que, al principio, les guste la pura diversión, las situaciones graciosas y las bromas simples, pero poco a poco, podemos apelar a algo más sutil; si me preguntasen qué historia es la más apropiada para que nuestros pequeños aprecien el humor, diría que la más eficaz es *Alicia en el País de las Maravillas*.

¿Qué lección mejor se puede impartir de forma humorística que explicarle a alguien el punto de vista que se expone cuando la Tortuga le habla a Alicia de la Pescadilla?:

—¿Sabes cómo son?
—Creo que sí –respondió Alicia–. Se muerden la cola con la boca y siempre están rebozadas.

—En eso te equivocas –dijo la Tortuga–, porque la harina siempre se disuelve en el mar.

O cuando Alicia le habla al Ratón sobre su gato y afirma:

—Es una cosita muy tranquila, pero inigualable cazando ratones. —Y, de repente, se dio cuenta del punto de vista del Ratón, que temblaba de los bigotes a la cola.

A continuación, como ejemplo de cómo la falta de humor nos puede conducir a sacar conclusiones ilógicas (cosa que ocurre con frecuencia en los niños), tenemos la conversación entre la Paloma y Alicia:

Alicia: Pero las niñas pequeñas comen tanto como las serpientes.
Paloma: No me lo creo. Pero si lo hacen, será porque son un tipo de serpiente.

Finalmente, un ejemplo de cómo el sentido del humor puede evitar que nos demos demasiada importancia:

—Tengo derecho a pensar –dijo Alicia tajantemente.
—El mismo que los cerdos tienen a volar –respondió de inmediato la Duquesa.

SEGUNDA PARTE

LOS CUENTOS

Los siguientes cuentos no pretenden ser una selección exhaustiva de historias. La mayoría están tomados de mi propio repertorio y los profesores me los han pedido tantas veces que me parece una buena oportunidad para presentarlos todos.

Lamento no haber podido incluir cuentos que considero más apropiados para la narración, pero las dificultades que he encontrado para obtener los permisos me han disuadido de cualquier esfuerzo en esta dirección.

Sturla, el historiador[60]

Cuando Sturla estuvo preparado para navegar con el rey, su nombre se incluyó en una lista. Subió a bordo antes de que llegasen todos los hombres y, con su saco de dormir y su arca para el viaje, se acomodó en la cubierta del barco. Poco después llegó el rey al muelle acompañado por su séquito. Sturla se levantó, hizo una reverencia y saludó al rey, pero éste no respondió nada y se dirigió hacia la popa. Aquel día navegaron a lo largo de la costa hacia el sur. Por la noche, mientras los hombres comenzaban a sacar sus provisiones, Sturla permanecía inmóvil y nadie lo invitó a comer. Entonces se acercó un sirviente del rey que le preguntó si tenía algo de comer o beber, a lo que Sturla respondió que no; el sirviente volvió al lugar donde se encontraba el rey y le dijo algo en voz muy baja para que nadie lo oyera, y se aproximó de nuevo a Sturla para decirle: «Irás a comer con Thorir Mouth y Erlend Maw». Éstos le ofrecieron algo de comida aunque de mala gana. Cuando todos los hombres se disponían a dormir, un marinero del rey preguntó quién podía contarles historias. Nadie respondió. Entonces dijo:

—Sturla, el islandés, ¿puedes contarnos alguna historia?

—Como desees –respondió Sturla.

Así que les contó la leyenda de Huld, de una manera que jamás nadie la había contado jamás. Algunos hombres se acercaron a la cubierta para escucharlo mejor, hasta que se congregó allí una multitud.

La reina preguntó:

—¿Qué hacen allí todas esas personas?

A lo que alguien respondió:

---

60. Este cuento fue citado en una conferencia del Dr. Ker, en 1906, y lo incluyo aquí como un reto para los que quieren dedicarse al arte de contar cuentos.

—Son los que están escuchando los cuentos del islandés.

—¿Y qué cuento es ése? –quiso saber ella.

—Es sobre la esposa de un gnomo; es una bonita historia y la cuenta muy bien.

El rey no quería que la reina prestase atención y le dijo que se acostara, pero ella respondió:

—Creo que ese islandés es una buena persona y no merece un desprecio.

El rey permaneció en silencio.

Pasó la noche y, por la mañana, ya no había viento, por lo que el barco del rey se mantenía en el mismo sitio. Al final del día, cuando los hombres se sentaron a beber, el rey envió platos de su propia mesa para Sturla. Los compañeros de mesa de Sturla se alegraron de ello:

—De seguir así, tendrás mejor suerte de la que creías.

Tras la cena, la reina lo mandó llamar y le pidió que le contase un cuento, de manera que Sturla se dirigió adonde se encontraba la reina y saludó a los monarcas. El rey respondió a regañadientes; la reina con gran cordialidad. Ésta le pidió que se preparase para contar la misma historia de la noche anterior. Sturla accedió y se pasó gran parte del día preparando el cuento para la noche. Cuando terminó, la reina le dio las gracias y muchos de los presentes comprendieron que se trataba de un hombre erudito y sensible. Pero el rey seguía sin decir nada, sólo sonreía un poco. Sturla, sin embargo, pensó que el estado de ánimo del rey había mejorado algo con respecto al día anterior, de modo que le dijo que había escrito un poema sobre él y otro sobre su padre:

—Lo escucharé con mucho gusto.

La reina le dijo:

—Deja que lo recite ahora; me han dicho que es el mejor de los poetas, así que su poema será maravilloso.

El rey le instó a que continuase, si lo deseaba, y repitiese el poema que afirmaba que había escrito para él. Sturla los encandiló desde el principio hasta el final. La reina se dirigió al rey:

—Creo que es un poema estupendo, y el rey le preguntó:

—¿Has entendido bien el poema?

—Creo que sí –respondió la reina. Entonces el rey afirmó:

—Sturla es un gran poeta.

Sturla se despidió de ambos y volvió a su puesto. El barco del rey no navegó en todo el día. Cuando anocheció, mandó a llamar al poeta antes de que se acostara. Éste saludó al rey y repuso:

—¿Qué desea de mí su majestad?

El rey pidió una copa de plata llena de vino, bebió un poco, le ofreció a Sturla y le dijo:

—¡Salud para un amigo en el vino! (*Vin skal til vinar drekka*). Sturla respondió:

—Alabado sea Dios.

—Sea –contestó el rey–, y ahora recítame el poema que has escrito sobre mi padre.

Sturla empezó a recitar y, cuando concluyó, todos los hombres lo elogiaban, sobre todo la reina. El rey exclamó:

—Creo que hablas mejor que el papa.

STURLUNGA SAGA, VOL. II, PÁG. 269

Una saga

Érase una vez, al principio del mundo, antes de que la flor de la justicia arraigase en el corazón, dos hermanas, hijas de los hombres, vivían en una casa.

Durante su infancia saltaban, trepaban y se bañaban en el río con los niños de su misma raza y se alimentaban de las mismas historias sobre dioses y héroes.

En su adolescencia, podían hacer todo lo que una señorita pudiese imaginar: hilar en lugar de cavar, tejer en vez de cazar, cocinar en lugar de gobernar un barco, tañer el arpa, contemplar las estrellas, afrontar todas las dificultades y sonreír ante cualquier dolor.

Siempre alegres, tanto cuando había que trabajar como cuando había que descansar, transcurrieron los días y los años de su juventud. La muerte había perdonado su casa y no conocían la desdicha. Al terminar el día, solían sentarse cerca de la lumbre a escuchar canciones sobre dioses y héroes. Lenta y serenamente, sus corazones iban albergando la idea de que, viviesen los años que viviesen y por muy generosas que fuesen sus acciones, al final no habría escapatoria para ellas y, como mujeres de carne y hueso que eran, llegarían las horribles brumas de Hela, la tierra de las brumas que hay después de la tumba para los que no han muerto en combate; no podrían escapar de Hela y no habría lugar para ellas entre los gloriosos héroes que habitan en el Walhalla.

Esa sombra las había amenazado por primera vez en su feliz infancia, encapotando con oscuros nubarrones los claros días de su adolescencia, y ahora, en la cima de su madurez, descargarían toda su amargura sobre su futuro, como la luna de la cólera de Odín lo hace sobre el sol.

Pero ellas siempre afrontaban todas las dificultades y se mostraban alegres ante el dolor y, aunque veían sus esperanzas ensombrecidas, vivieron días felices y memorables: una de ellas fue ama de llaves y, en su momento, madre de un buen hombre; la otra prefirió quedarse soltera, pero no sufrió enfermedades ni penas durante toda su vida.

Y así, enfrentándose a la vida sin miedo y con una sonrisa en los labios, las dos mujeres vivieron hasta que fueron muy ancianas y conocieron a los hijos de los hijos de sus hijos, trabajando con ahínco hasta el final y manteniendo la fuerza interior hasta que llegara el nefasto día de Hela, en que encontrarían las puertas del Walhalla cerradas para ellas.

Sin embargo, ocurrió algo prodigioso.

Mientras las hermanas contemplaban la puesta del sol, una en su hogar ancestral, bajo los ojos del amor, y la otra en una tierra lejana, rodeada de rostros desconocidos, comenzó a soplar el viento de Thor, y de los confines de los cielos descendieron los blancos corceles de Odín, el padre de todas las criaturas, montados por las Valkirias, mensajeras resplandecientes del Walhalla. Y ambas mujeres, leales durante toda su vida, fueron recogidas por los divinos brazos de la muerte y transportadas lejos de las nieblas perpetuas de Hela, hasta los dorados tronos de los héroes sobre los que Nornir había grabado sus nombres para la eternidad.

Y desde aquel momento, las puertas de Walhalla están completamente abiertas para cualquier ser, ya sea hombre o mujer, que se esfuerce con fe a lo largo de su vida.

De John Russell,
Director de la King Alfred School

La leyenda de san Cristóbal

Cristóbal pertenecía al linaje de los Cananeos, tenía una gran estatura y un carácter y un semblante terribles. Y, según cuentan algunas historias, cuando sirvió y vivió con el rey de los cananeos, comenzó a pensar en buscar al príncipe más poderoso del mundo para servirle y obedecerle.

Tras una larga búsqueda, encontró a un rey muy poderoso, cuya fama le precedía por el mundo. Cuando el rey lo vio, aceptó que le sirviera y permitió que entrase a formar parte de su corte.

Transcurrido cierto tiempo, un juglar entonó ante él una canción en la que nombraba repetidas veces al diablo. El rey, que era un buen cristiano, se persignaba cada vez que oía tan terrible nombre. Cuando Cristóbal lo vio, se preguntó qué señal era ésa y por qué la hacía el rey, lo que le animó a querer saber de qué se trataba. Dado que el rey no respondía, le dijo:

—Si no me lo dices, me marcharé de aquí.

Entonces, el rey se dirigió a él diciéndole:

—Siempre que oigo nombrar al diablo, temo que ejerza algún poder sobre mí, por eso me protejo con este signo que hará que no me moleste.

Entonces, Cristóbal le preguntó:

—¿Así que temes que el diablo te pueda dañar? Eso quiere decir que es más fuerte que tú. Estoy decepcionado porque no he conseguido mi propósito. Yo creía que había encontrado al rey más grande y poderoso del mundo. A Dios te encomiendo, pues yo me voy en su busca para que sea mi señor y yo su fiel sirviente.

De modo que se alejó del rey y se apresuró a buscar al diablo. Entonces llegó a un enorme desierto y vio a un grupo de caballeros. Uno de ellos, que era horrible y cruel, se aproximó a él y le preguntó adónde iba. Cristóbal le respondió diciendo:

—Voy en busca del diablo para que sea mi amo.

Él le respondió:

—Yo soy quien buscas.

Cristóbal se alegró, convencido de que su servidumbre iba a ser perpetua y le tomó como amo y señor.

Llegaron, así, a un lugar en el que había una gran cruz. En el momento en que el diablo vio la cruz, se asustó y salió huyendo, abandonando a Cristóbal en el desierto, y cuando se alejaron de la cruz, regresó de nuevo al camino. Cristóbal se sorprendió por la actuación del diablo y le preguntó acerca de su comportamiento. Pero éste se negaba en redondo a pronunciar una sola palabra. Entonces Cristóbal le dijo:

—Si no me lo explicas, me iré ahora mismo de aquí y no volveré a servirte jamás.

Por tanto, el diablo se vio obligado a dar explicaciones:

—Hubo una vez un hombre llamado Cristo, que murió en una cruz y cada vez que veo ese signo me muero de miedo y huyo adonde no pueda alcanzarme.

A lo que Cristóbal respondió:

—Así que él es más fuerte y poderoso que tú, si te asustas de su signo. Ya veo que mi esfuerzo ha sido en vano, pues aún no he encontrado al señor más grande de la Tierra. Ya no te serviré más. Sigue tu camino, que yo voy a buscar a Cristo.

Y después de mucho buscar y preguntar dónde podía encontrar a Cristo, halló la cueva de un ermitaño que vivía en el desierto. Éste le habló de Cristo y le informó acerca de la fe. Le dijo:

—Para servir a ese rey que deseas debes ayunar con frecuencia.

A lo que Cristóbal respondió:

—Pídeme cualquier otra cosa y la haré, pero con eso no puedo satisfacerte.

Así que el ermitaño repuso:

—Entonces debes madrugar y rezar muchas oraciones.

Cristóbal replicó:

—Yo no sé qué es eso. No puedo hacerlo.

Finalmente el ermitaño dijo:

—¿Conoces ese río en el que muchos han perdido la vida?

—Lo conozco muy bien –respondió Cristóbal.

Entonces prosiguió el ermitaño:

—Ya que eres noble y tan grande y tan fuerte, ve a vivir a la orilla del río y cruza sobre tus hombros a todos los que quieran atravesarlo. Eso servirá para complacer a Nuestro Señor Jesucristo, al que tanto quieres servir, y espero que, gracias a eso, se muestre ante tu persona.

Cristóbal asintió:

—Ese servicio lo puedo hacer muy bien. Prometo que cumpliré con ello.

De este modo se dirigió al río y construyó una cabaña. Llevaba siempre una vara en su mano, en vez de un bastón, para sujetarse dentro del agua, y cruzaba sobre sus hombros a personas de todo tipo. Transcurrieron muchos días.

Un día, mientras dormía en su cabaña, oyó la voz de un niño que lo estaba llamando:

—¡Cristóbal, ven y ayúdame a cruzar el río!

Cristóbal se despertó y salió, pero no encontró a nadie. Cuando entró de nuevo en casa volvió a oír la misma vocecita, pero aunque salió corriendo, seguía sin ver a nadie.

La tercera vez que lo llamaron y salió de la cabaña, encontró a un niño a la orilla del río que le suplicó con dulzura que le llevase a la otra orilla. Cristóbal lo tomó en sus brazos, tomó su vara y se adentró en la corriente. Pero el agua del río comenzó a aumentar y el niño pesaba cada vez más y más. Conforme avanzaba, subía más el agua y el niño pesaba más y más, tanto que Cristóbal comenzó a angustiarse y a temer que sus vidas corriesen peligro. Cuando, después de mucho sufrimiento, logró atravesar la corriente y ponerse a salvo, dejó al niño en el suelo y le dijo:

—Niño, hemos estado en grave peligro. Pesabas tanto que parece que hubiese transportado el mundo entero sobre mis hombros. No habría soportado ni una pizca más de carga.

El niño respondió:

—Cristóbal, no te sorprendas. No has llevado sobre tus hombros al mundo entero, sino a Aquel que lo creó y cargó con sus culpas. Yo soy Jesucristo, el señor al que has venido a servir y, para que tú mismo compruebes que te digo la verdad, planta tu vara en la tierra, al lado de tu casa, y mañana podrás contemplar sus flores y sus frutos.

Dicho esto, desapareció ante sus ojos.

Cristóbal plantó su vara en la tierra y cuando se levantó al día siguiente, encontró una hermosa palmera repleta de hojas, flores y dátiles.

De *La Leyenda Áurea Temple Classics*

La caverna del rey Arturo

Una vez, un galés iba caminando por el Puente de Londres, mirando el tráfico y preguntándose por qué habría tantas cometas flotando en el aire. Había llegado a Londres después de muchas aventuras con ladrones y bandoleros que no vamos a contar aquí, para cuidar a un rebaño de vacas negras galesas. Era un trabajo muy ventajoso, de manera que, con los bolsillos repletos de dinero, partió a ver la ciudad.

En la mano llevaba un bastón de madera de avellano, porque todo el mundo sabe que un bastón es tan necesario para un pastor como los colmillos para su perro. Se detuvo a mirar las mercancías del escaparate de una tienda (porque en esa época, el Puente de Londres estaba lleno de tiendas de arriba a abajo), cuando, de repente, se dio cuenta de que un hombre miraba fijamente su bastón. Después de un rato, el desconocido se le acercó y le preguntó de dónde venía.

—Vengo de mi país –dijo el galés un poco malhumorado porque no sabía con qué intención se lo estaba preguntando.

—No se enfade –repuso el extraño–. Si responde a mis preguntas y sigue mis consejos, recibirá una recompensa que ni se imagina. ¿Recuerda dónde cortó ese bastón?

El galés, sospechando todavía de las intenciones del extraño, respondió:

—¿Qué importa de dónde lo cortara?

—Importa mucho –afirmó el hombre–, porque hay un tesoro oculto en ese lugar. Si recuerda dónde es y me lleva allí, le daré muchas riquezas.

Entonces, el galés comprendió que estaba hablando con un hechicero y se quedó perplejo sin saber qué hacer. Se sentía tentado por las riquezas que le había prometido, pero también sabía que los hechiceros adquieren su sabiduría del mal y temía relacionarse con fuerzas oscuras. El astuto hombre se esforzaba por convencerlo y, al final, el pastor prometió que lo llevaría al lugar donde había cortado su bastón.

De este modo, el galés y el hechicero emprendieron el viaje a Gales. Fueron a Craig y Dinas, al valle de Neath, cerca de Pont Nedd Fechan, y el galés, señalando hacia el tronco de un antiguo avellano dijo:

—Ahí corté mi bastón.

—Excavemos, pues –ordenó el mago.

Excavaron hasta que encontraron una gran piedra plana. La curiosidad les llevó hasta unos escalones que bajaban. Descendieron por la escalera, atravesaron un pasadizo estrecho y llegaron a una puerta.

—¿Es usted valiente? –preguntó el hechicero–. ¿Entrará conmigo?

—Lo haré –respondió el galés–, cuya curiosidad superaba a su miedo.

Abrieron la puerta y se encontraron en una caverna. Había una luz tenue de color rojo, de forma que todo podía verse a la perfección. Primero se acercaron a una campanilla.

—No toque esa campana –le avisó el hechicero–, de lo contrario, todo habrá acabado para nosotros.

Cuando se adentraron, el galés comprobó que el lugar no estaba vacío: había infinidad de soldados tumbados en el suelo, durmiendo. Eran miles, tantos que parecían no tener fin. Cada uno llevaba una armadura resplandeciente, un casco de acero, un deslumbrante escudo en el brazo, la espada cerca de la mano y una lanza clavada en el suelo; todos ellos dormían profundamente.

En el centro de la caverna había una gran mesa redonda, alrededor de la cual se sentaban caballeros cuyos rasgos nobles y rica armadura ponían de manifiesto que no se trataba de hombres vulgares y corrientes.

Todos ellos tenían la cabeza caída sobre el pecho, como quien está durmiendo. En un trono dorado, en lo que parecía que era el lugar más importante de la mesa, había un rey enorme con una gran presencia. En su mano, bajo el puño, había una poderosa espada envainada, cuya empuñadura era de oro y estaba ornamentada con deslumbrantes piedras preciosas; en la cabeza llevaba una corona repleta de piedras preciosas que lanzaban destellos como de fuego. El sueño había sellado también sus párpados.

—¿Están dormidos? –preguntó el galés, sin poder creer lo que veían sus ojos.

—Sí, todos y cada uno de ellos –respondió el hechicero–, pero si toca aquella campana despertarán.

—¿Y cuánto tiempo llevan durmiendo?

—Más de mil años.

—¿Y quiénes son?

—Son los guerreros del rey Arturo, que esperan el momento adecuado para regresar y destruir a los enemigos de Cymry, para recuperar la corona de Gran Bretaña y restablecer a su propio rey en Caer Lleon.

—¿Y quiénes son los que están sentados alrededor de la mesa?

—Son los caballeros del rey Arturo: Owain, el hijo de Urien; Cai, el hijo de Cynyr; Gnalchmai, el hijo de Gwyar; Peredir, el hijo de Efrawe; Geraint, el hijo de Erbin; Tristán, el hijo de March; Bedwyr, el hijo de Bedrawd; Ciernay, el hijo de Celyddon; Edeyrn, el hijo de Nudd, y Cymri, el hijo de Clydno.

—¿Y el del trono de oro? –interrumpió el galés.

—Es el mismísimo rey Arturo empuñando su espada *Excalibur* –contestó el mago.

Cansado de las continuas preguntas del galés, el hechicero corrió hacia un montón de oro que había en el suelo de la caverna. Tomó tanto como podía acarrear y animó al galés a que hiciera lo mismo. Entonces dijo:

—Es hora de que nos marchemos, y se encaminó hacia la puerta por la que habían entrado.

Pero el galés estaba boquiabierto mirando a todos los soldados, con sus deslumbrantes armaduras, profundamente dormidos.

—¡Cómo me gustaría verlos despiertos! –pensó–. Voy a tocar la campana para ver cómo forman.

Así, cuando llegaron al lugar donde se hallaba la campana, el galés la tocó y su tremendo sonido inundó toda la caverna. Justo cuando la campana empezó a sonar, los soldados se levantaron a la vez y el suelo temblaba con el sonido de sus armas de acero. Una voz descomunal surgió de entre ellos:

—¿Quién ha tocado la campana? ¿Ha llegado ya el día?

El hechicero tenía un miedo atroz, temblaba como un pollito, pero sacó fuerzas y dijo:

—No, el día no ha llegado. Seguid durmiendo.

La poderosa multitud estaba moviéndose y los ojos del galés estaban deslumbrados por el brillo del metal que iluminaba la caverna como mil fuegos.

—¡Arturo! –dijo de nuevo aquella voz–. ¡Despierta! ¡La campana ha sonado y sale el sol! ¡Despierta, Gran Arturo!

—¡No! –volvió a gritar el hechicero–. ¡Aún es de noche, sigue durmiendo, Gran Arturo!

Desde el trono llegó un sonido: Arturo se había levantado y las joyas de su corona brillaban como estrellas entre los soldados. Su voz era fuerte pero dulce, como la del agua, y dijo:

—¡Guerreros, aún no ha llegado el día en el que el Águila Negra y el Águila Dorada vayan a luchar! El que ha tocado la campana sólo es un buscador de oro. Seguid durmiendo, pues aún no ha llegado el alba a Gales.

En toda la caverna se oyó un sonido apacible, como el del mar en la distancia, y en menos que canta un gallo, los soldados estaban otra vez dormidos. El hechicero y el galés salieron corriendo de la caverna, taparon la entrada con la roca y la puerta desapareció.

Mucho tiempo después, el galés intentó en muchas ocasiones encontrar el camino hacia la caverna, pero a pesar de que cavó bastante en la colina, nunca volvió a encontrar la entrada a la cueva del rey Arturo.

De el libro de *Los Cuentos Galeses*,
W. Jenkyn Thomas

Hafiz, el picapedrero

Érase una vez un picapedrero que se llamaba Hafiz y que se pasaba todo el día cincelando, cincelando, cincelando y cincelando sillares de piedra.

A veces se cansaba por tan monótona tarea y pensaba con impaciencia: «¿Por qué no puedo divertirme y descansar como hace todo el mundo?».

Un día, bajo un sol de justicia y estando particularmente cansado, escuchó un sonido repentino, el sonido de muchos pasos, y después de mirar a su alrededor, vio una gran procesión de gente que se dirigía a él. Era el mismísimo rey, montado en su caballo, con todos los soldados a su derecha, ataviados con brillantes armaduras, y todos los sirvientes a su izquierda, vestidos con fabulosos ropajes, a la espera de sus órdenes.

Hafiz exclamó:

—¡Ojalá yo fuese rey! Si yo fuese rey, aunque sólo fuera un ratito, sabría lo que se siente.

Y entonces, a medida que hablaba, sintió como si entrara en un sueño y escuchó una cancioncita que decía:

¡Qué feliz, qué feliz,
si rey fuera Hafiz![61]

Y parecía que le respondía el aire:

—¡Sé rey!

---

61. Esta melodía podría susurrarse las primeras veces, para aumentar la intensidad dramática. Luego, en cada episodio, puede ir aumentando el tono.

Y así Hafiz se convirtió en rey. De repente, era él quien se sentaba en el trono y eran sus soldados los que estaban a su derecha y sus sirvientes los que se encontraban a su izquierda. Entonces Hafiz dijo:

—¡Soy rey y nadie en el mundo es más poderoso que yo!

Pero pronto dejó de sentir el dosel dorado sobre su cabeza y Hafiz sintió el implacable calor del sol abrasador y, entonces, se dio cuenta de que los soldados y los sirvientes estaban agotados, que su caballo flaqueaba y que él, Hafiz, estaba totalmente derrotado por el calor, de modo que gritó enfadado:

—¿Qué ocurre? ¿Acaso hay alguien en el mundo más fuerte que el rey?

Y sin darse cuenta, escuchó otra vez aquella cancioncita, solo que más fuerte que la primera vez:

¡Qué feliz, qué feliz,
Si sol fuera Hafiz!

Y la voz respondía:

—¡Sé el sol!

Y de este modo, Hafiz se convirtió en sol y brilló sobre la Tierra, pero como nunca había sido sol y no tenía experiencia, brilló más de la cuenta, tanto, que se secaron todas las cosechas y las personas enfermaron y murieron. Luego llegó una nubecita del este y se situó entre Hafiz y la Tierra, ocultando su brillo y su calor. Por eso Hafiz gritó indignado:

—¿Pero es que hay algo en el mundo más fuerte que el sol?

¡Qué feliz, qué feliz,
Si nube fuera Hafiz!

Y la voz respondió:

—¡Sé una nube!

Y Hafiz se convirtió en nube y derramó lluvia sobre la Tierra, pero como nunca había sido una nube y no tenía experiencia, llovió tanto que los riachuelos se transformaron en ríos caudalosos y bravos que se desbordaron de sus cauces y arrastraron todo a su paso en un torrente enorme. Todo, salvo una roca enorme que permaneció inalterable. Por eso Hafiz dijo:

—¿Acaso hay algo más fuerte que una nube?

¡Qué feliz, qué feliz,
Si roca fuera Hafiz!

Y la voz dijo:

—¡Sé una roca!

Y Hafiz se convirtió en roca. Desapareció la nube y las aguas volvieron a su cauce.

Entonces, la roca vio que se acercaba un hombre, pero no pudo verle la cara. El hombre en cuestión levantó su martillo y golpeó a Hafiz con tanta fuerza que sintió cómo se rompía su cuerpo de piedra, y dijo:

—¡Pero bueno! ¿Es que hay alguien más fuerte que la roca?

¡Qué feliz, qué feliz,
Si hombre fuera Hafiz!

Y la voz dijo:

—¡Sé tú mismo!

Así las cosas, Hafiz volvió a agarrar su martillo y repuso:

—El sol era más fuerte que el rey, la nube era más fuerte que el sol, la roca era más fuerte que la nube, pero yo, Hafiz, ¡soy el más fuerte de todos!

Adaptada por M. L. Shedlock

¡A su salud! (del ruso)

Érase una vez un rey tan poderoso, tan poderoso, que cada vez que estornudaba, todo el mundo le decía «¡A su salud!». Y todos sus súbditos lo hacían, salvo un pastor con los ojos azules, que no quería hacer como todo el mundo.

El rey se enteró y se enfadó muchísimo, así que mandó llamar al joven pastor para hablar con él.

El pastor permaneció de pie ante el trono del rey, que de este modo parecía más grande y poderoso. Sin embargo, por mucho que lo fuese, el pastor no le tenía ningún miedo.

—Di ahora mismo «¡a mi salud!» –espetó el rey.

—¡A mi salud! –respondió el pastor.

—¡A la mía, a la mía, sinvergüenza, vagabundo! –gritó el rey.

—¡A la mía, a la mía, majestad! –dijo el pastor.

—¡Pero no digas «a la mía», di a la mía! –explotó el rey rojo de rabia.

—¡Que sí, que sí: a la mía, por supuesto, a-la-mía! –exclamó el pastor tocándose el pecho.

El rey estaba fuera de sí y ya no sabía qué hacer, pero entonces, intervino el lord chambelán:

—Di ahora mismo, en este momento, «¡A su salud, majestad!». De lo contrario perderás la vida –susurró al pastor.

—No pienso decirlo hasta que me case con la princesa –fue la respuesta del pastor.

La princesa, que estaba sentada en un trono más pequeño junto al rey, tenía un aspecto dulce y encantador como el de una palomita dorada. Cuando oyó la proposición del pastor se le escapó una sonrisa, porque no podía negar que ese joven de ojos azules era muy guapo y que le gustaba mucho, más que todos los príncipes que había conocido hasta entonces.

Pero el rey no estaba nada contento y ordenó que arrojasen al pastor al pozo del oso blanco.

Los guardias lo sacaron del salón del trono y lo echaron de cabeza al pozo, con el enorme oso que no había comido en dos días y tenía un hambre descomunal. Se cerró la trampilla y el oso se acercó al pastor, pero cuando vio sus ojos azules, se asustó tanto que prefirió comerse a sí mismo antes que comérselo a él. Así que se tumbó en una esquina, se quedó mirándolo y, a pesar de tener tanta hambre, no se atrevió a molestarlo y se conformó con lamerse sus propias garras. El pastor sabía que si dejaba de mirar al oso, éste lo mataría, así que, para mantenerse despierto toda la noche, comenzó a improvisar canciones.

A la mañana siguiente, el lord chambelán se dirigió a recoger los huesos del pastor y se quedó boquiabierto al ver que estaba sano y salvo, tan tranquilo. Lo condujo ante el rey que, hecho una furia, repuso:

—Bien, ahora que sabes lo que es estar tan cerca de la muerte. ¿Dirás «a mi salud»?

Pero el pastor contestó:

—No tengo miedo ni a diez muertes, una detrás de otra. Sólo lo diré si me entregas a la princesa por esposa.

—¡Entonces morirás! –gritó el rey, y ordenó que lo arrojaran a la madriguera de los jabalíes.

Los jabalíes no habían comido en una semana, y cuando vieron al pastor, se lanzaron hacia él para zampárselo enterito. Pero el pastor sacó una pequeña flauta de la manga y empezó a tocar una bonita melodía. Al escucharla, los jabalíes se alejaron, se levantaron sobre sus patas traseras y empezaron a bailar. El pastor tenía muchas ganas de reír por lo graciosos que estaban mientras bailaban, pero no podía dejar de tocar porque, en el momento en que dejara de tocar la flauta, los jabalíes se lo comerían. Esta vez sus ojos no le servían de nada, porque no podía mirar fijamente a diez animales al mismo tiempo; por eso siguió tocando la flauta mientras que las bestias bailaban al compás, como si fuese un minué. Poco a poco iba tocando más deprisa, hasta que a las bestias les costaba inclinarse y girar, y empezaron a caerse al suelo, unas encima de otras, formando un montón de jabalíes fatigados y sin aliento.

Entonces el pastor supo que podía reírse, y rio tanto que, cuando llegó el lord chambelán en busca de sus huesos, estaba llorando de risa.

Tan pronto como el rey se hubo vestido, el pastor fue conducido ante su presencia. El rey estaba más enfadado que nunca, y repuso:

—Ya sabes lo que es estar cerca de diez muertes, ahora di «¡A su salud!».

Pero el pastor lo interrumpió:

—Yo no le tengo miedo ni a un centenar de muertes; sólo lo diré cuando me case con la princesa.

—¡Pues entonces que te den cien muertes! –rugió el rey, y ordenó que lo tirasen a la cripta de las guadañas.

Los guardias lo arrastraron hasta una lúgubre mazmorra, en cuyo centro había un pozo rodeado de guadañas muy afiladas. Al final del pozo se distinguía una lucecita con la que se podía saber si se había arrojado a alguien al pozo o si alguien se había caído a él.

Cuando llevaron al pastor, éste les pidió que le dejasen solo un instante para observar la cripta llena de guadañas; quizás se lo había pensado mejor y había decidido pronunciar las palabras que el rey quería.

Por eso los guardias lo dejaron solo. Cogió su bastón y lo puso en la pared, lo cubrió con su chaqueta y le puso su sombrero. Luego le colgó su zurrón para que pareciese una persona de verdad. Después, llamó a los guardias y les dijo que había reflexionado sobre el asunto, pero que no podía acceder a decir lo que el rey deseaba.

Los guardias entraron en la mazmorra y arrojaron por el pozo el muñeco realizado con la chaqueta, el sombrero y el bastón. Lo miraron hasta que cayó al fondo y se fueron pensando que ése era el final definitivo del pastor. Pero en realidad se había escondido entre las sombras de una esquina y no dejaba de reír.

A la mañana siguiente, muy temprano, el lord chambelán llegó con una lámpara y casi se cae del susto al ver al pastor allí, tan tranquilo. Lo condujo ante la presencia del rey, cuya rabia era indescriptible, y dijo:

—Bueno, ahora que has estado tan cerca de cien muertes, ¿dirás «¡A tu salud!»?

Pero el pastor siempre respondía lo mismo:

—No lo diré hasta que me case con la princesa.

—Como mínimo así acabarás diciéndolo –dijo el rey, que pensó que nunca iba a poder vencer al pastor, y ordenó que preparasen la carroza real. Luego le pidió al pastor que entrase en ella, se sentó a su lado y ordenó al cochero que los condujese hasta el bosque de plata.

Cuando llegaron al lugar repuso:

—¿Ves este bosque de plata? Te lo daré si dices «¡a tu salud!».

Al pastor le cambiaba la cara, pero persistía en su actitud:

—No lo diré hasta que me case con la princesa.

El rey estaba muy enfadado; prosiguieron el viaje hasta que llegaron a un castillo maravilloso, todo de oro, y entonces le repitió:

—¿Ves este castillo de oro? Pues también será tuyo. Te daré el bosque de plata y el castillo de oro si dices «¡a tu salud!».

El pastor no daba crédito, pero continuaba con su idea:

—Que no, no lo diré hasta que me case con la princesa.

El rey estaba ya a punto de estallar de rabia, cuando ordenó que los condujesen hasta el estanque de diamantes, para intentarlo de nuevo:

—También tendrás todo esto si dices «¡a tu salud!».

El pastor tuvo que mirar hacia otro lado para no deslumbrarse con el resplandeciente estanque de diamantes, pero persistió:

—No, no y no. No lo diré hasta que me case con la princesa.

Al ver el rey que todos sus esfuerzos no servían de nada, pensó que debía rendirse y le comentó:

—Está bien. Te casarás con mi hija, pero entonces, no tendrás más remedio que decir «¡a tu salud!».

—Claro que lo diré, ¿por qué no iba a decirlo? No hay ninguna razón para no decirlo.

Al oír esto, el rey se puso más contento que unas pascuas. Anunció a todo el reino que se iban a celebrar unos fabulosos festejos para celebrar la boda de la princesa. Todos se alegraron, porque la princesa, que había rechazado a tantos pretendientes, se había enamorado de un pastor con los ojos azules.

Aquélla fue la boda del siglo. Todos comieron, bebieron y bailaron. Hasta los enfermos la celebraron, y a los bebés recién nacidos les hicieron presentes. El gran banquete se celebró en el palacio. Tocaron los mejores músicos y se comió la mejor comida. Había muchísima gente sentada en las mesas y todo era felicidad.

Y cuando el novio, según la costumbre, llevó una gran bandeja con la cabeza de un jabalí al horno y se la acercó al rey para que la trinchara y la repartiera, ésta desprendía un olor tan sabroso que el rey comenzó a estornudar.

—¡A su salud! –gritó el pastor antes que nadie.

El rey se alegró tanto que no le importó haber entregado la mano de su hija.

Transcurrieron los años y el anciano rey murió. Entonces el pastor le sucedió en el trono. Fue un buen rey y nunca esperó que sus súbditos le deseasen salud si no querían, aunque todos lo hacían con gusto porque nadie lo exigía.

El gallo orgulloso

Érase una vez un gallo que era tan rematadamente orgulloso que no le dirigía la palabra a nadie. Abandonó la que era su casa porque le parecía indigna de su posición y consideró que no podía sentirse así de humillado. Lo mismo hizo con sus amistades, que no consideraba dignas de él.

Un día, mientras estaba dando un paseo, pasó cerca de unos rescoldos que estaban a punto de extinguirse.

Éstos le imploraron:

—Por favor, avívanos con tus alas para que podamos recuperar el vigor de la vida.

Pero el gallo no se dignó a responder, ni siquiera los miró y, cuando se iba, uno de los rescoldos del fuego le dijo:

—¡Pues vale! Nosotros moriremos, pero nuestro hermano mayor, el fuego, se vengará de ti.

Otro día estaba tomando aire fresco en un prado, luciendo sus soberbias plumas, cuando una voz que no se sabía de dónde procedía le dijo:

—Por favor, échanos al agua otra vez.

El gallo miró a su alrededor y vio unas gotitas de agua que estaban separadas de sus amigas del río y saltaban muy apenadas.

—¡Ay, por favor, sé bueno y échanos al agua! –decían.

Pero el gallo, sin decir ni media palabra, se las bebió. Era demasiado orgulloso y demasiado grande para prestar atención y perder su tiempo con un charquito de agua. Pero las gotitas dijeron:

—Nuestra hermana mayor, el agua, te dará tu merecido, gallo malvado.

Algunos días después, durante una espantosa tormenta, con rayos y truenos, el gallo corrió a resguardarse a una cabaña abandonada. Entró, cerró la puerta y pensó: «Qué listo soy, mira qué cómodo estoy aquí. ¡Qué tonta es la gente que está en la calle con una tormenta como ésta! ¿Qué es eso? No había oído ese ruido antes».

Un poco después, el ruido se oía con mucha más fuerza y, unos minutos más tarde, se convirtió en un clarísimo alarido. «¡Oh! –pensó–. No puedo soportarlo. Tengo que detenerlo pero ¿qué es lo que tengo que detener?».

Descubrió entonces que se trataba del viento que soplaba a través de la cerradura, así que tapó el agujerito con un poco de barro y, de ese modo, el viento dejó de sonar. El viento estaba muy cansado de soplar durante tanto tiempo a través de la cerradura, así que pensó: «Si algún día puedo devolverle su buena acción a este espléndido gallo, lo haré».

Semanas después, el gallo miró hacia el interior de una casa. Hacía mucho tiempo que no iba por allí porque el avaro del dueño se moría de hambre por no gastar, así que el gallo sabía que no habría nada de comer.

De repente, vio al hombre avaro inclinado sobre una olla encima del fuego. Más tarde, se volvió para agarrar una cuchara para remover la olla y, entonces, el gallo se asomó y vio que estaba cocinando sopa de ostras, porque había visto las valvas vacías entre las cenizas, y, para darle color, había añadido unas monedas de medio penique.

El avaro se giró rápidamente, mientras que el gallo husmeaba la olla y, pensó con alegría: «¡Mira tú por dónde voy a hacer caldo de pollo!».

Metió al gallo dentro del puchero y lo tapó. El ave, al sentir el calor abrasador, dijo:

—¡Agua, agua, no hiervas!

Pero el agua le respondió:

—Te bebiste a mis hermanas pequeñas. No me pidas nada porque no te ayudaré.

Entonces se dirigió al fuego.

—¡Oh, fuego, no hagas que hierva el agua!

Pero el fuego replicó:

—Tú dejaste que mis hermanas pequeñas muriesen. No me pidas nada porque no te ayudaré.

Y el fuego se avivó e hizo que el agua hirviese con fuerza.

Al final, cuando el gallo estaba a punto de morir, pensó en el viento y lo llamó:

—¡Oh, viento, ven en mi ayuda!

Y el viento respondió:

—Ese noble animal está en problemas. Yo le ayudaré.

Así que bajó por la chimenea, apagó el fuego, con su fuerza levantó la tapa de la olla y sacó al gallo de su interior para dejarlo en un campanario. Y allí está desde entonces. Se dice que el color que tiene es por las monedas que hirvieron con él en la olla.

Snegourka

Érase una vez, en Rusia, un campesino y su mujer. Los dos hubieran sido muy felices y hubieran comido perdices si hubiesen podido tener un hijo.

Un día, mientras miraban por la ventana cómo los niños jugaban con la nieve, el hombre le dijo a su mujer:

—¿Por qué no salimos y hacemos una gran bola de nieve con los niños?

Pero la mujer le dijo sonriendo:

—Mejor hacemos un muñeco de nieve, ya que no hemos podido tener ningún hijo.

De modo que ella se puso su abrigo azul, él su abrigo marrón, y salieron a la nieve y empezaron a hacer una niña pequeña.

Primero le hicieron los pies, y, después, las piernas y el cuerpecito, y le pusieron una bola de nieve para que hiciera de cabeza. Entonces, un desconocido con abrigo largo y un sombrero que le cubría la cara pasó por su lado y dijo:

—¡Que el cielo os ayude con lo que estáis haciendo!

Y los campesinos se persignaron y respondieron:

—Siempre es bueno pedir ayuda al cielo en todo lo que se haga.

Y continuaron haciendo la niña. Le practicaron dos agujeros para que fueran los ojos y modelaron la nariz y la boquita. Entonces, maravilla de las maravillas, la niña empezó a respirar.

El hombre, asustado, preguntó a su esposa:

—¿Qué hemos hecho?

Pero la mujer respondió:

—Es la hija que Dios nos ha enviado. Así que la tomó en sus brazos y retiró la nieve que le sobraba del cuerpo.

Tenía el pelo rubio y los ojos azules como dos turquesas, pero sus mejillas no tenían color, porque, por sus venas, no fluía sangre.

En pocos días era grande como una niña de tres o cuatro años y, tras unas semanas, parecía que tenía nueve o diez, y corría feliz parloteando con los demás niños, aunque fuera diferente a ellos.

Feliz como estaba y tan querida por sus padres, sólo había un temor en su vida: el sol. Durante el día, corría a esconderse en lugares oscuros y húmedos, lejos de la luz del sol, pero los otros niños no lo comprendían.

Conforme avanzaba la primavera y los días se hacían más largos y cálidos, la pequeña Snegourka (pues ése era el nombre que le pusieron) se iba volviendo pálida y flaquita; su madre le preguntaba:

—¿Qué te pasa, cariño?

Y Snegourka decía:

—Nada, mamá, pero me gustaría que el sol no brillase tanto.

El día de san Juan, los niños de la aldea fueron a invitarla a pasar el día en el bosque, cogieron flores para ella e hicieron todo lo posible para que se animara, pero sólo cuando el gran sol de fuego se escondió, pudo respirar aliviada y sacar sus blancas manitas para sentir el frescor de la noche. Los chicos, al verla tan alegre, dijeron:

—Vamos a darle una pequeña sorpresa. Encendamos una hoguera en su honor.

Snegourka, que no sabía lo que era una hoguera, aplaudió tan contenta y entusiasmada como ellos. Les ayudó a recoger ramitas, todos se colocaron alrededor de la pila y los niños prendieron fuego a la madera.

Snegourka se quedó muy quieta, mirando las llamas y escuchando el crepitar de las ramas; de repente, se oyó un sonido muy difuso, y cuando los niños miraron hacia donde estaba Snegourka, sólo vieron un pequeño montoncito de nieve a punto de derretirse. La llamaron:

—¡Snegourka! ¡Snegourka!

Creían que se había ido al bosque, pero nadie respondía. Snegourka se fue de la vida tan misteriosamente como llegó a ella.

Adaptada por M. L. Shedlock

La ninfa

El río tenía unas aguas tan cristalinas porque era el hogar de una preciosa ninfa, quien, en ocasiones, salía de sus aguas y adoptaba el aspecto de una mujer para sentarse en la orilla. Iba ataviada con un blusón de color verde oscuro, el de la planta acuática que la corriente mece a su antojo en las profundidades. Llevaba flores blancas en su largo cabello húmedo y un junco en sus manos. Su cara estaba triste porque había vivido muchos años y había conocido muchas aventuras desde que era niña, hacía casi cien años, pues las criaturas de los ríos y los bosques viven mucho, mucho tiempo, y cuando mueren, se funden con la naturaleza. Eso significa que se vuelven nubes, árboles, ríos… y nunca vuelven a adoptar la forma de un hombre o una mujer.

Todas las criaturas acuáticas vivirían, si pudiesen elegir, en el mar, donde nacieron. Flotan agarradas de la mano sobre las crestas de las olas y se sumergen hasta las profundidades de un color tan verde como el jade. Juegan con la espuma y se pierden en el vasto océano…

«Donde las ballenas nadan a su antojo
sin jamás pegar un ojo».

… y guardan en el palacio del Rey del Mar, el dorado fósforo de los mares. Pero esta pequeña ninfa estaba triste porque no había sido buena. Había olvidado muchas de las cosas que le habían dicho y había hecho algunas otras que entristecían a los demás. Había robado algo que no era de su propiedad (una gran cantidad de felicidad), que pertenecía a otro. Generalmente, la felicidad se adecua a la persona a la que pertenece, como sus zapatos o su ropa, de manera que cuando se le quita la felicidad a otra persona, no nos beneficiamos, no somos felices, porque su felicidad no encaja con nosotros y no podemos olvidar que no nos pertenece.

Así que, entre una cosa y otra, esta ninfa tenía que recibir un castigo, de modo que la Reina del Mar la desterró de las olas.[62]

—Vivirás durante mucho tiempo en un lugar muy pequeño en el que te cansarás de ti misma. Aprenderás a conocerte tan bien que todo lo que desees acabará pareciéndote demasiado y dejarás de desear nada. Cuando llegue ese momento, serás libre.

Por eso, la ninfa tuvo que marcharse del mar y quedó encerrada en un espacio muy reducido, como había dispuesto la Reina. Este espacio tan reducido era una lágrima.

Al principio ni siquiera podía expresar lo desdichada que se sentía, recordando continuamente la amplitud y el sabor del mar, pero llevaba un poco de sal con ella, por eso nuestras lágrimas son saladas. Su tamaño se había reducido muchísimo, incluso de pie, y cuando abría los brazos, tocaba las paredes de su casa de cristal con las puntas de los dedos. ¡Cómo deseaba que se derramase esa lágrima y se quebrasen los muros de su prisión! Pero la propietaria de la lágrima era muy orgullosa. Estaba tan triste que no podía ni llorar.

Era una princesa que vivía en un hogar extraño. ¿Qué eran para ella las lágrimas? Si hubiese podido subir a la montaña más alta y tomar con sus manos todos los vientos del cielo, con toda su fuerza, quizás hubiera podido deshacerse de la tristeza que sentía en su interior. O si hubiese podido arrancar del cielo todas las estrellas, o tapar con su capa el sol… ¡Pero las lágrimas! ¿Le habrían servido para expresar su inmensa tristeza? Tú lloras cuando se te manchan los deberes ¿verdad? O cuando te haces daño en una mano. Trata de imaginar la pena tan grande que sentía la ninfa, cautiva en el interior de una diminuta lágrima.

Veinte años pasó nuestra ninfa en la lágrima de esa princesa dura de corazón, hasta que se acostumbró a su prisión. Al final, consiguió resignarse.

Una mañana llegó una gitana vieja al castillo y pidió una audiencia con la princesa, gritando que quería verla como fuera. La princesa bajó

62. El peor castigo para un habitante marino es que lo priven de su libertad, y la Reina del Mar castigó así a la ninfa de nuestro cuento.

por la escalera para hablar con ella y la gitana le entregó un rollito de papel que llevaba en la mano. El papel olía a miel y se pegó a su piel cuando intentó abrirlo. Se trataba de una nota escrita a mano. En el centro había un dibujo tan pequeño como su propio reflejo en el iris de su ojo. En el dibujo aparecía una colina con un árbol a lo lejos, en el horizonte, y un camino que la rodeaba.

De repente, una voz interior habló a la princesa. Escuchó muchos sonidos que se reunían en un gran silencio, una calma como la que se respira en los bosques, en verano, cuando el verde es más intenso:

—Bienaventurados los que tienen nostalgia de su hogar, porque volverán a él.

Entonces, la princesa le entregó a la gitana dos monedas de oro, se fue a su habitación y pasó toda la noche sentada, mirando al cielo.

No necesitaba leer el pergamino, así que lo tenía entre las manos. Ante ella aparecía claramente el diminuto dibujo: la colina, el árbol y el camino tortuoso… difuso como si estuviese reflejado en el iris de su ojo. Y comenzó a imaginar que estaba en ese camino, junto a la colina, y podía ver el árbol, con todas y cada una de sus ramitas muy bien perfiladas en la lejanía.

Mientras observaba este espectáculo, empezó a sentir un repentino afecto por ese lugar, un amor tan intenso que la hería y estremecía, tanto que tuvo que apoyarse en el alféizar de la ventana.

Y como el amor por un país es de los más profundos que se pueden sentir, perdió el control y las lágrimas comenzaron a derramarse de sus ojos. Un torrente salado se desbordaba por sus párpados empañando su visión, atravesando sus pestañas, reluciendo en un momento para terminar deslizándose por sus mejillas. Por fin cayó la lágrima que contenía a la ninfa desobediente.

¡Clinc! se oyó. Y la ninfa fue libre.

Si hubieses visto lo guapa que estaba allí, de pie, tan pequeña como una brizna de hierba, escurriendo su larga melena. A cada gota de líquido que sacudía de su cuerpo se sentía más feliz por haber salido de la lágrima. Estiró los brazos para sentirse libre, y si fueras tan pequeño como una semilla de mostaza, quizás habrías podido oír cómo reía.

Entonces comenzó a crecer un poco, y otro poco, y otro poco... hasta que alcanzó el tamaño de una campanilla, pero mucho más esbelta.

Se detuvo a contemplar los restos de la lágrima que había sido su prisión, sobre el alféizar de la ventana, y después, con tres pasitos de sus pies descalzos, alcanzó el jazmín que crecía al lado de la ventana y se deslizó por él hasta el suelo.

Corrió por los campos cubiertos de rocío hasta que llegó al arroyo y, con todas sus ganas, extendió los brazos, se arrodilló bajo los sauces, junto a los juncos y los lirios.

Entonces, se deslizó por la corriente fresca y caudalosa.

De *Los niños y las imágenes*,
Pamela Tennant

La rosa azul

Había una vez, en China, un sabio emperador que tenía una hija. Ésta poseía una belleza perfecta: sus pies eran los más pequeños del mundo, sus ojos, grandes, rasgados y brillantes como ónices, y su risa parecía un arroyuelo tintineante o el repique de una campanilla de plata. Además, la hija del emperador era tan lista como hermosa y era capaz de recitar los versos de los grandes poetas mejor que nadie en todo el reino. El emperador era muy anciano; su hijo se había casado y había engendrado otro hijo, así que estaba tranquilo por la sucesión de su trono. Sin embargo, antes de morir quería ver a su hija casada con alguien digno de ella.

En cuanto se supo la noticia de que el emperador estaba buscando un marido para su hija, acudieron muchísimos pretendientes a palacio, pero cuando llegaban, los recibía el lord chambelán, quien les informaba de que el emperador había decidido que sólo el hombre que encontrara y llevara a palacio la rosa azul se casaría con su hija. Los pretendientes estaban desconcertados con este requisito: ¿qué era eso de la rosa azul y dónde la podían encontrar? En total se habían presentado ciento cincuenta posibles consortes y, de ellos, cincuenta desistieron al instante de casarse con la hija del emperador porque la condición impuesta les parecía absurda.

Los otros cien se esmeraron por encontrar la rosa azul. Uno de ellos, cuyo nombre era Ti-Fun-Ti, que era un mercader inmensamente rico, fue de inmediato a la tienda más grande de la ciudad y le dijo al tendero:

—Quiero una rosa azul, la mejor que tengas.

El tendero, pidiéndole mil disculpas, le dijo que no tenía rosas azules. Tenía muchas rosas rojas, blancas, rosas e incluso amarillas, pero ninguna azul, porque hasta ese momento, nadie le había pedido semejante cosa.

—Bueno –dijo Ti-Fun-Ti–, consígueme una. No me importa lo que cueste, pero consígueme una rosa azul.

El tendero le dijo que haría todo lo posible, pero que se temía que sería un artículo muy caro y difícil de obtener.

Otro de los pretendientes, cuyo nombre ya no recuerdo, era un guerrero muy valiente. Montó en su caballo y, llevando consigo a cien arqueros y un millar de jinetes, partió hacia el territorio del Rey de los Cinco Ríos, de quien se decía que era el más poderoso del mundo y que poseía los tesoros más extraños, y le pidió la rosa azul, amenazándolo con un terrible final si se negaba a dársela.

El Rey de los Cinco Ríos, que no sentía simpatía por los soldados, por el ruido, por la violencia física y por cualquier clase de peleas (su guardaespaldas estaba armado tan sólo con abanicos y sombrillas), se levantó de los cojines en los que descansaba al oír la exigencia, hizo sonar una campanilla y ordenó al sirviente:

—Tráeme la rosa azul.

El sirviente se retiró y apareció poco después portando un cojín de seda sobre el que reposaba un gran zafiro tallado con forma de una auténtica rosa, con todos sus pétalos.

—Ésta –dijo el Rey de los Cinco Ríos– es la rosa azul. Llévatela.

El guerrero la tomó y, tras hacer una reverencia, que es la forma en que los soldados dan las gracias, regresó al palacio sin tardanza. Fue conducido ante el emperador, quien, al escuchar la historia del soldado y ver la rosa azul que había llevado, mandó llamar a su hija y le dijo:

—Este intrépido guerrero ha traído lo que dice que es la rosa azul. ¿Ha cumplido tus deseos?

La princesa tomó el precioso objeto entre sus manos y, después de examinarlo durante un instante, contestó:

—Esto no es una rosa. Es un zafiro. Yo no necesito piedras preciosas.

Y devolvió la rosa al soldado no sin antes agradecerle su interés. El guerrero se retiró desconcertado.

El mercader, que había oído hablar del fracaso del guerrero, estaba aún más ansioso por obtener el premio. Fue en busca del tendero y le dijo:

—¿Me has traído la rosa azul? Confío en que lo hayas hecho, porque si no es así, éste será tu fin. Mi cuñado es juez y estoy emparentado con todos los oficiales del reino.

El tendero se puso pálido y le dijo:

—Señor, concédeme tres días y te conseguiré la rosa sin falta.

El mercader accedió a su petición y se marchó. El tendero no sabía qué iba a hacer exactamente, porque sabía con certeza que las rosas azules no existían. Durante dos días no hizo otra cosa que lamentarse y retorcerse las manos con preocupación; al tercer día se acercó a su mujer y le dijo:

—Esto va a ser nuestra ruina.

Pero ella, que era una mujer ingeniosa, le respondió:

—No digas tonterías. Si las rosas azules no existen, las haremos nosotros. Ve a la farmacia y compra tinte del bueno para convertir una rosa blanca en azul.

De modo que el tendero fue a la farmacia y pidió el tinte, y el farmacéutico le dio un bote que contenía un líquido rojo y le explicó que debía introducir el tallo de una rosa blanca en el líquido y ésta se volvería azul. El tendero hizo todo lo que le dijo. La rosa adquirió un elegante tono azulado y se la dio al mercader, quien, de inmediato, emprendió camino hacia palacio diciendo que la había encontrado.

Lo llevaron ante el emperador y, cuando vio la rosa, mandó llamar a su hija, y le dijo:

—Este rico mercader te ha traído lo que dice que es una rosa azul. ¿Ha cumplido tu deseo?

La princesa tomó la flor entre sus manos y, tras examinarla brevemente, anunció:

—Esta rosa es blanca; han metido el tallo en un tinte venenoso y se ha puesto azul. Si se posase en ella una mariposa, moriría de inmediato a causa de las emanaciones que produce. Llévatela, yo no quiero una rosa envenenada.

Y se la devolvió al mercader dándole las gracias con elegancia.

Los otros noventa y ocho pretendientes buscaron de diferentes maneras la rosa azul. Algunos viajaron por todo el mundo; otros acudieron a magos y astrólogos; y uno no dudó en invocar la ayuda de los duendes que viven bajo tierra, pero todos ellos, tanto los que partieron hacia países remotos como los que pidieron consejo a demonios y hechiceros o se sentaron a reflexionar en lugares solitarios, fracasaron invariablemente.

Al final, todos abandonaron la búsqueda, excepto el juez del Tribunal Supremo, que era el abogado y el hombre de estado más experto de todo el país. Después de reflexionar sobre la cuestión durante meses, mandó buscar al artista más famoso y le dijo:

—Haz una copa de porcelana china. Debe ser blanca como la leche, del todo lisa y, luego, pinta en ella una rosa azul.

El artista se marchó haciendo una reverencia y trabajó durante dos meses en la copa del juez del Tribunal Supremo. Transcurrido este tiempo acabó la tarea; el mundo no había visto jamás una copa tan preciosa, tan perfecta en su simetría, tan delicada en su textura y la rosa azul parecía que la hubieran tomado del mismísimo país de los sueños y la hubieran dejado flotando sobre la extraña superficie de la porcelana. Cuando el juez del Tribunal Supremo la vio, lanzó un suspiro de asombro y satisfacción, ya que era un gran amante de la porcelana y no había visto jamás una pieza tan perfecta. Entonces pensó: «No hay duda, la rosa azul está en esta copa y en ningún otro lugar».

Así es que, después de recompensar con generosidad al artista, se dirigió al palacio diciendo que tenía en su poder la rosa azul. Fue conducido ante el emperador, que, al ver el objeto, mandó llamar a su hija y le preguntó:

—Este eminente juez ha traído lo que dice que es la rosa azul. ¿Ha cumplido tu deseo?

La princesa tomó la copa en sus manos y, después de examinarla un rato, dijo:

—Esta copa es la pieza de porcelana más hermosa que he visto jamás. Si eres tan amable de dejármela, la conservaré hasta que reciba una rosa azul, porque es tan hermosa que ninguna otra flor merecería que la pusiese en ella.

El juez del Tribunal Supremo le agradeció a la princesa que aceptase la vasija con tan elegantes palabras y se marchó desconcertado.

Así las cosas, nadie en todo el reino se aventuró a buscar la rosa azul. Poco después del intento del juez del Tribunal Supremo, visitó el reino del emperador un juglar ambulante. Una noche estaba tocando su música junto a una pared. Era una noche de verano y el sol acababa de ponerse entre nubes de polvo dorado y en el crepúsculo violeta brillaban dos o tres estrellas que parecían puntas de lanza. Había un ruido permanente producido por el croar de las ranas y el sonido de los saltamontes. El juglar repetía una melodía monótona una y otra vez. La letra era algo así:

«Junto a los sauces contemplé
el río, mientras la noche caía.
El brillo de las estrellas no traía brisa,
ni rocío, ni agua para el pozo.
Cuando de las tupidas lomas de hierba
salió un pájaro surcando el agua
y se reflejó en el río
como un destello azul celeste».

Así estaba cantando cuando oyó un susurro que provenía de lo alto de la pared. Al volverse vio una silueta que le hacía señas. Caminó hasta que llegó a una puerta en la que había alguien esperándolo que lo condujo con amabilidad hasta la penumbra del viejo cedro. En la oscuridad, percibió dos brillantes ojos que lo miraban y comprendió su mensaje. A la luz de las estrellas se murmuraron miles de palabras tiernas y las horas transcurrieron con rapidez. Cuando el sol empezó a arrojar su luz de nuevo, la princesa (porque era ella) dijo que tenía que marcharse.

—Pero –dijo el juglar– mañana iré a palacio y pediré tu mano.

—¡Ojalá pudieras! –exclamó la princesa–. Mi padre ha puesto la condición de que sólo se casará conmigo el hombre que encuentre la rosa azul.

—Eso es fácil –respondió el juglar–. Yo la encontraré.

Y se dieron las buenas noches.

A la mañana siguiente, el juglar fue a palacio portando una rosa blanca, normal y corriente, que había tomado de un jardín cercano.

Fue conducido ante el emperador, que mandó llamar a su hija y le dijo:

—Este pobre juglar ha traído lo que dice que es una rosa azul. ¿Ha cumplido tu deseo?

La princesa tomó la rosa entre sus manos y exclamó:

—¡Sí, ésta es, sin duda alguna, la rosa azul!

El juez del Tribunal Supremo y todos los presentes espetaron que era una vulgar rosa blanca y no una singular rosa azul y trataron de convencer a la princesa con todas sus objeciones, pero ésta respondió:

—Yo creo que es una rosa azul. Quizás vosotros no podáis ver el color.

El emperador, que era el que tomaba las decisiones, dijo que si la princesa creía que la rosa era azul, pues era azul, porque todo el mundo sabía que sus percepciones eran más precisas que las de cualquiera en el reino.

Así que el juglar se casó con la princesa y se establecieron en la costa, en una casita con un jardín lleno de rosas, y vivieron felices y comieron perdices. Y el emperador, sabiendo que su hija había hecho unas buenas nupcias, murió en paz.

DE MAURICE BARING

Las dos ranas

Había una vez dos ranas que vivían en Japón, una de las cuales había establecido su hogar en un arroyo cerca de la ciudad de Osaka, en la costa, mientras que la otra habitaba en un pequeño arroyo que atravesaba la ciudad de Tokio. Con tanta distancia entre sí, nunca habían oído hablar la una de la otra, pero por curioso que parezca, ambas tuvieron la misma idea: querían ver mundo. Así que la rana que vivía en Tokio decidió visitar Osaka y la que residía en Osaka quiso visitar Tokio, donde tenía su palacio el gran Mikado.

Así que, una mañana de primavera, ambas tomaron el camino que unía Tokio y Osaka, una desde un extremo y la otra desde el extremo contrario.

El viaje acabó siendo más cansado de lo que esperaban, porque no estaban acostumbradas a viajar y, a mitad de camino entre las dos ciudades, había una montaña que atravesar. Les llevó mucho tiempo y muchos saltos alcanzar la cima, pero allí estaban después de todo y, cuál no sería su sorpresa, al encontrarse la una con la otra. Se miraron un instante sin decir ni una palabra y, luego, comenzaron a conversar sobre el viaje y sus respectivos hogares. Era maravilloso saber que ambas tenían la misma inquietud: conocer mejor el país y, dado que no tenían prisa, se tendieron sobre la hierba fresca y descansaron juntas antes de reanudar el viaje.

—Qué pena que no seamos más grandes –dijo la rana de Osaka–, para poder ver las dos ciudades desde aquí y comprobar si merece la pena este viaje.

—Eso es fácil –respondió la rana de Tokio–. Sólo tenemos que levantarnos sobre nuestras patas traseras, sujetándonos la una a la otra y así podremos echar un vistazo a las ciudades.

La idea le gustó tanto a la rana de Osaka que, de un brinco, se puso en pie y apoyó sus patas sobre su amiga, que también se había incorporado. Y allí estaban las dos, estirándose tanto como podían mientras se sujetaban para no caerse. La rana de Tokio apuntaba con su nariz hacia Osaka, y la de Osaka hacia Tokio, pero las muy tontas no se dieron cuenta de que, al ponerse de pie, los ojos habían quedado a las espaldas, de forma que, aunque sus narices apuntasen hacia los lugares a los que querían ir, los ojos veían las ciudades de las que venían.

—¡Pobre de mí! –se lamentó la rana de Osaka–. Tokio es exactamente igual que Osaka, así que no merece la pena hacer un viaje tan largo. Volveré a casa.

—Si hubiese sabido que Osaka es una copia de Tokio no habría caminado tanto –exclamó la rana de Tokio. Bajó las patas de los hombros de su amiga y se sentó en el suelo.

Entonces, se despidieron educadamente y reanudaron el camino de regreso y, hasta el final de sus días, siguieron creyendo que Osaka y Tokio son idénticas como dos guisantes.

De *El libro violeta de los cuentos fantásticos,*
Andrew Lang

El pastor sabio

Érase una vez, hace mucho, mucho tiempo, una serpiente salió de su agujero para tomar el aire. Se arrastraba por los alrededores dando un paseo, disfrutando del paisaje y de la brisa fresca hasta que, al encontrar una puerta abierta, se metió dentro. Se trataba de la puerta del palacio del rey. Dentro estaba el monarca con todos sus cortesanos.

Imaginad el horror que sintieron cuando vieron una enorme serpiente entrando por la puerta. Todos salieron corriendo, excepto el rey, que consideraba que su rango le impedía ser cobarde, y su hijo, el príncipe. El rey pidió que alguien matara a la serpiente, pero a todos les daba miedo porque, en ese país, se creía que matar a un ser vivo, incluidos los escorpiones, las avispas y las serpientes, era un acto malvado.

Así que los cortesanos no hicieron nada, pero el joven príncipe obedeció a su padre y mató a la serpiente con un bastón.

Un poco después, acudió angustiada la esposa de la serpiente en busca de su marido. Ella también vio la puerta del palacio abierta y entró. ¡Horror! En el suelo yacía el cuerpo ensangrentado de su esposo. Nadie se dio cuenta de que la esposa de la serpiente había entrado a palacio. Ésta le preguntó a una hormiga blanca qué había ocurrido y cuando se enteró de que el príncipe había asesinado a su marido hizo la promesa solemne de que, si él la había convertido en viuda, ella haría que su esposa también se quedase viuda.

Aquella noche, cuando todos estaban dormidos, la serpiente se deslizó hasta el dormitorio del príncipe y se enrolló alrededor de su cuello. El príncipe continuó durmiendo y, cuando se despertó, vio con sorpresa que su cuello estaba rodeado por los anillos del animal. Tenía miedo de moverse, así que se quedó muy quieto hasta que su madre acudió preocupada a ver qué estaba pasando. Cuando entró en la habitación y lo vio en tan difícil situación, gritó con todas sus fuerzas y salió corriendo en busca del rey.

—Llamad a los arqueros, ordenó el monarca.

Llegaron los arqueros y el rey les ordenó que se dirigieran a la habitación del príncipe para disparar contra la serpiente que estaba enroscada en su cuello. Tenían tal destreza que eran capaces de hacerlo sin herir al príncipe.

Los arqueros entraron en hilera, ajustaron sus flechas a los arcos, apuntaron y se dispusieron a disparar, cuando, de repente, la serpiente dijo:

—¡Arqueros, esperad, esperad y escuchadme antes de disparar! No es justo ejecutar la sentencia antes de escuchar el caso. ¿Acaso no es buena la ley de «ojo por ojo y diente por diente»?

—En efecto –respondió el rey–. Ésa es nuestra ley.

—Entonces –continuó la serpiente–, me remito a la ley. Tu hijo me ha convertido en viuda, así que es justo que yo convierta en viuda a su esposa.

—Eso parece justo –dijo el rey–, pero la ley no es lo mismo que la justicia. Será mejor preguntarle a alguien que entienda más de este tema.

Les preguntaron a todos los jueces, pero ninguno pudo resolver el problema. Sacudían la cabeza y decían que consultarían todos los libros de legislación para ver si había habido algún precedente y, si era así, ver cómo lo habían solucionado. Ésta es la forma en la que los jueces solían resolver los casos en ese país, aunque parezca un poco extraña. Parecía que no iban a llegar nunca a la decisión justa y, al final, ningún juez se atrevió a dar su opinión. De forma que el rey envió mensajeros por todo el país para que encontrasen a alguien que supiese algo más.

Uno de los mensajeros encontró a un grupito de cinco pastores que estaban sentados en la cima de una colina, tratando de tomar una decisión sobre un asunto que les afectaba. Expresaban sus opiniones con tanta libertad, con tanta rotundidad, que el mensajero del rey pensó: «Aquí están los hombres que buscamos. Son cinco, cada uno con su propia opinión y todos ellos diferentes». Regresó a palacio corriendo y le contó al rey que había encontrado a alguien capaz de juzgar el espinoso asunto.

Así que el rey, la reina, el príncipe, la princesa y todos los cortesanos montaron a caballo y galoparon hasta la colina en la que seguían sentados los cinco pastores. La serpiente los acompañó también, enroscada al cuello del príncipe.

Al verlos, los pastores se asustaron. Al principio creían que se trataba de una banda de ladrones y, cuando vieron al rey, pensaron que habían cometido alguna fechoría y, cada uno de ellos, empezó a pensar en la última cosa que había hecho.

Pero el rey y los demás desmontaron de sus corceles y saludaron en un tono muy amable, así que las mentes de los pastores se tranquilizaron. Entonces el rey dijo:

—Respetables pastores, queremos planteaos un problema que ninguno de los jueces de mi reino es capaz de resolver. Éste es mi hijo y aquí, como veis, tiene una serpiente que se ha enroscado en su cuello. El marido de esta serpiente se introdujo, arrastrándose, en el palacio, y mi hijo, el príncipe, la mató, así que esta serpiente, que es la esposa de la otra, dice que como mi hijo la ha dejado viuda, ella tiene derecho a dejar viuda a la esposa de mi hijo. ¿Qué opináis vosotros?

El primer pastor dijo:

—Creo que es lo justo, mi señor. Si alguien dejase viuda a mi mujer, yo me apresuraría a hacerle lo mismo.

Los otros pastores movían la cabeza y miraban con el ceño fruncido. Pero el rey estaba confuso y no llegaba a entenderlo, porque si la mujer de ese hombre fuese viuda, el hombre estaría muerto y, en ese caso, no podría hacer nada. Así que, para asegurarse, el rey le preguntó al segundo pastor.

—Sí –dijo el segundo–, si el príncipe ha matado a la serpiente, la serpiente tiene derecho a matar al príncipe si puede.

Pero eso tampoco ayudaba, porque la serpiente que había matado el príncipe estaba muerta, así que el rey pasó al tercer pastor.

—Yo estoy de acuerdo con mis compañeros –dijo el tercero–, porque, ya se sabe, un príncipe es un príncipe y una serpiente es una serpiente.

Eso era cierto, todos lo admitían, pero parece que no resolvía el problema. Así que el rey pidió al cuarto pastor que diese su opinión.

Éste comentó:

—Ojo por ojo y diente por diente; así que una viuda debe ser una viuda, a no ser que se case de nuevo.

Para entonces, el rey estaba tan desconcertado que no sabía dónde tenía la cabeza. Pero aún quedaba el quinto pastor, el más anciano y el más sabio de todos, que dijo:

—Rey, me gustaría hacer dos preguntas.

—Veinte, si lo deseas –respondió el Rey. Como no se comprometió a responderlas se podía permitir el lujo de ser generoso.

—En primer lugar, quiero preguntarle a la princesa cuántos hijos tiene.

—Cuatro –contestó la princesa.

—¿Y usted, señora serpiente?

—Siete –respondió la serpiente.

—Entonces –resolvió el anciano–, lo justo sería que la señora serpiente matase al príncipe cuando la princesa haya tenido tres hijos más.

—Nunca había pensado eso –dijo la serpiente–. Adiós, su majestad. Avíseme cuando la princesa tenga otros tres hijos y entonces llegará mi turno, no fallaré.

Y con esto se desenroscó del cuello del príncipe y se marchó arrastrándose entre la hierba.

El rey, el príncipe y todo el mundo aclamaron al sabio pastor y regresaron a casa. La princesa nunca tuvo más hijos; continuó su vida feliz al lado del príncipe y, si aún no han muerto, es porque todavía viven.

De *El zorzal parlanchín*,
W. H. D. Rouse

El ataque de pánico[63]

Y el siguiente Buda se encarnó en forma de león. Como ya había ayudado a los seres humanos, ahora tenía que ayudar a los animales, y había mucho que hacer. Por ejemplo, una liebre nerviosa estaba asustada porque creía que le iba a suceder algo horrible. Así, ésta decía una y otra vez: «Si la Tierra se hunde ¿qué será de mí?». Con tanta frecuencia lo decía que llegó a creer que iba a ocurrir de verdad. Un día, mientras estaba repitiendo innumerables veces «Si la Tierra se hunde ¿qué será de mí?», oyó un ligero ruido. Era una fruta madura que había caído sobre una hoja seca, pero la liebre estaba tan nerviosa que hubiera podido creer que se trataba de cualquier cosa, de manera que repuso con voz temblorosa: «La Tierra se está hundiendo». Corrió tan rápido como pudo hasta que se encontró con un hermano liebre que le preguntó:

—¿Adónde vas con esas prisas, hermana liebre?

Y la liebre contestó:

—No puedo detenerme a contártelo. La Tierra se está hundiendo y por eso huyo.

—¿Que la Tierra se está hundiendo? –quiso saber el viejo hermano liebre asombrado, y se lo contó a otra liebre, y ésta, a su vez, se lo dijo a otra, y ésta a otra, y a otra, y a otra, hasta que al final miles de liebres comenzaron a gritar:

—¡La Tierra se está hundiendo!

Entonces, los animales mayores comenzaron a creer el rumor. En primer lugar, el ciervo, luego la oveja, más tarde el jabalí, y después el búfalo, el camello, el tigre y el elefante.

---

63. He reproducido esta historia con mis propias palabras usando un lenguaje que creo que resulta más eficaz para los niños pequeños.

El sabio león oyó todo el revuelo y decidió comprobar qué ocurría. «No hay signos –pensó– de que la Tierra se esté hundiendo. Debo haber oído mal». Entonces, los detuvo a todos y les preguntó:

—¿Qué es eso que estáis diciendo?

El elefante respondió:

—Decía que la Tierra se está hundiendo.

—¿Cómo lo sabes? –prosiguió el león.

—Ahora que lo pienso, a mí me lo ha dicho el tigre.

Y el tigre dijo:

—Yo se lo oí al camello.

Y éste repuso:

—A mí me lo contó el búfalo. Y al búfalo el jabalí, y al jabalí la oveja, y a la oveja el ciervo, y al ciervo las liebres y las liebres declararon:

—Nosotras se lo oímos a la liebrecita pequeña.

Y el león le preguntó:

—Liebre ¿qué te ha hecho pensar que la Tierra se estaba hundiendo?

Élla respondió:

—Yo lo vi.

—¿Cómo que lo viste? –preguntó el león–. ¿Dónde?

—Allí, en aquel árbol.

—Bien –dijo el león–. Ven conmigo y te enseñaré que...

—¡No, no! –exclamó la liebre–. No puedo ir otra vez a ese árbol, estoy muy nerviosa.

—Te llevaré sobre mi lomo –explicó el león.

Y la subió a su lomo y pidió al resto de animales que permaneciesen allí hasta que regresaran. Luego, le enseñó a la liebre cómo había caído la fruta sobre la hoja produciendo el ruido que tanto la había asustado, y ella respondió:

—Es verdad. La Tierra no se está hundiendo –Y añadió–: Volvamos a contárselo a los demás animales, y regresaron.

La pequeña liebre se colocó frente a todos y dijo:

—La Tierra no se está hundiendo. –Todos los animales comenzaron a repetir sus palabras unos a otros y a dispersarse lentamente.

De Historias y leyendas orientales

El verdadero espíritu de un día festivo

Y Buda se encarnó en una liebre y vivía en un bosque; a un lado estaba la ladera de una montaña, al otro lado, un río y, junto a él, una aldea.

Con ella vivían tres amigos: un mono, un chacal y una nutria. Cada uno de ellos obtenía su sustento a través de sus propios medios. Por la noche se reunían y la liebre les contaba cosas llenas de sabiduría: que debían observar la ley moral, que debían dar limosna a los pobres y que debían respetar los días de fiesta.

Un día, Buda repuso:

—Mañana es un día de ayuno. Alimentad a los mendigos con la comida de vuestra mesa.

Todos aceptaron de buen grado el consejo.

Al día siguiente, la nutria bajó a la orilla del Ganges en busca de su presa. Un pescador había capturado siete peces rojos y los había enterrado en la arena de la orilla mientras se adentraba en la corriente para capturar algunos más. La nutria percibió el olor de los peces, escarbó en la arena hasta que los encontró y gritó:

—¿Son de alguien estos peces?

Y como nadie contestó se los llevó a su guarida con la intención de comérselos cuando llegase el momento oportuno. Luego se tumbó a descansar mientras pensaba en la suerte que había tenido.

El chacal también salió en busca de comida y encontró un lagarto, dos asados y un bote de requesón en la cabaña de un guardabosque. Y, tras gritar tres veces a voz en grito: «¿A quién pertenece esto?», y no hallar respuesta, se echó al cuello la soga del bote, tomó el lagarto y los asados con las fauces y se los llevó a su cubil pensando: «Cuando llegue el momento me lo comeré todo», y se acostó a descansar pensando que era muy virtuoso.

El mono se dedicó a subir a las copas de los árboles a recolectar mangos, los guardó en su guarida para comérselos cuando llegase el momento y se tumbó a descansar pensando en lo virtuoso que era.

Pero la liebre (que era el Buda), cuando llegó el momento, con la intención de tumbarse en la hierba a meditar, dijo:

—Es imposible que ofrezca hierba a los mendigos, y no tengo ni aceite, ni arroz, ni pescado. Si se me acerca algún mendigo, le ofreceré mi propia carne para que se alimente.

Entonces Sakka, el Rey de los dioses, oyó sus pensamientos y decidió poner a prueba a la liebre, de forma que se disfrazó de brahmán y se acercó a la nutria para decirle:

—Señor, si pudiese comer algo, cumpliría con todas mis obligaciones sacerdotales.

La nutria le comentó:

—Te daré comida. Tengo siete peces rojos que he traído de las orillas sagradas del río Ganges. Come todo lo que quieras, brahmán.

Y éste contestó:

—Déjalos hasta mañana y vendré a por ellos.

Entonces se dirigió adonde estaba el chacal, que confesó que había robado las viandas, pero rogó al brahmán que las aceptara y que se quedase en el bosque; pero el brahmán respondió:

—Déjalas hasta mañana y vendré a por ellas.

Entonces fue a ver al mono, que le ofreció los mangos, pero el brahmán le respondió de la misma forma. Finalmente, fue adonde estaba la sabia liebre y ésta le contestó:

—Mira, te daré mi propia carne para que te alimentes, pero no debes arrebatarme la vida en este día de fiesta. Cuando hayas apilado la leña para el fuego, yo misma me sacrificaré saltando a las llamas, y cuando mi cuerpo esté tostado, podrás comértelo y cumplir con tus obligaciones sacerdotales.

Cuando Sakka oyó sus palabras, hizo que apareciese una pila de carbón ardiendo, y el Sabio Ser saltó de la hierba hacia las llamas, pero antes de caer en ellas sacudió todo su cuerpo para que los insectos que pudiese haber en él no pereciesen. Entonces, sacrificando su cuerpo desinteresadamente, saltó y cayó sobre el carbón como un cisne real, resplandeciente sobre un lecho de flores de loto en un éxtasis de alegría. Pero la llama se negó a tocar siquiera un pelo del cuerpo de ese Divino Ser; era como si hubiese entrado en una región helada. Entonces se dirigió al brahmán con las siguientes palabras:

—El fuego que has encendido está helado; se niega a quemar mi pelaje, ¿qué significa esto?

—¡Oh, liebre divina! Soy Sakka y he venido a poner a prueba tu virtud.

Y el Buda repuso con voz dulce:

—Ningún hombre ni ningún dios encontrará en mí resistencia a morir.

Entonces le respondió Sakka:

—Que todas las generaciones conozcan tu virtud.

Y, agarrando la montaña, extrajo su jugo y pintó con él los rasgos de la liebre sobre la luna.

Entonces la volvió a dejar en el suelo y regresó al cielo.

Y las cuatro criaturas vivieron juntas y cumplieron las leyes morales.

De Historias y leyendas orientales

Piedad filial

Y Buda se encarnó en un loro que superaba a todos en belleza y fuerza. Cuando fue mayor, su padre, que había sido el jefe de la bandada en sus viajes hacia otros lugares, le dijo:

—Hijo mío, ya no tengo fuerzas. Guía tú a las aves, porque yo ya no soy capaz.

Y Buda respondió:

—Debes descansar, yo me ocuparé de las aves.

Y todos los loros se alegraron de lo fuerte que era su nuevo jefe y aceptaron con gusto seguirle. Desde ese día, Buda alimentó a sus padres y no consintió que volviesen a trabajar. Cada día guiaba a los pájaros hacia las montañas del Himalaya y, cuando tenían la panza llena de las matas de arroz que crecían por allí, llenaba su pico de comida para sus padres, que esperaban ansiosos su regreso.

Un hombre era el encargado de vigilar los campos de arroz. Éste hacía lo que podía para espantar a los loros, pero parecía que había algún poder secreto en el jefe de éstos que el vigilante no podía vencer.

Observó que todos los loros comían hasta saciarse y luego se marchaban volando, pero el Loro-Rey, además de satisfacer su hambre, se llevaba arroz en el pico.

Como tenía miedo de que se acabase el arroz, fue a ver a su amo, el brahmán, para contarle lo que estaba ocurriendo. Mientras le escuchaba, al amo se le ocurrió la idea de que el Loro-Rey podía ser algo más de lo que aparentaba y sólo por eso lo amó antes de conocerlo. Pero no dijo nada, sólo ordenó al guarda que pusiese una trampa para capturar al peligroso animal. El hombre hizo lo que se le había ordenado: construyó una pequeña jaula y una trampa y se sentó en su cabaña a esperar a que llegasen los pájaros. Pronto vio al Loro-Rey entre la bandada, quien, como no tenía avaricia, no buscó el lugar mejor para alimentarse, sino que se retiró al mismo sitio en el que había estado el día anterior.

Entonces, tan pronto como se posó en el suelo, notó que las patas se le quedaban atrapadas en un lazo. Sintió miedo en su corazón de ave, pero un sentimiento mayor recorrió su interior: «Si grito pidiendo auxilio, mis parientes se asustarán y huirán sin que les dé tiempo a comer. Pero si permanezco callado, aplacarán su hambre y después podrán venir en mi ayuda». De esta forma, el loro actuó con prudencia.

Pero ¡sorpresa!, ignoraba que sus parientes no tenían un espíritu tan valiente y, cuando terminaron de comer, y pese a escuchar sus llamadas tres veces, salieron volando sin prestar atención a la penosa situación de su jefe.

El Loro-Rey, con el corazón dolorido, repuso lo siguiente:

—Ninguno de mis parientes y amigos ha venido a socorrerme. ¿Qué pecado he cometido?

El guarda oyó el lamento del ave y el sonido de los otros pájaros alejándose en el aire. «¿Qué es ese ruido?», se preguntó. Salió de su cabaña y se dirigió al lugar en el que había puesto la trampa. Allí encontró al loro cautivo. Ató sus patas y lo llevó ante el amo.

El brahmán conoció, por fin, al Loro-Rey, sintió su fuerte poder y su corazón se llenó de amor hacia él, pero continuó ocultando sus sentimientos y dijo en tono muy enfadado:

—¿Acaso eres más avaricioso que los demás pájaros? Ellos se contentan con lo que comen, pero tú te llevas en el pico más comida de la que puedes comer. ¿Acaso me odias o la almacenas en tu granero para satisfacer tu gula?

Y el Divino Ser respondió con voz dulce:

—Yo no te odio, brahmán, ni tampoco almaceno el arroz para satisfacer mi gula. Cada día pago una deuda que debo, concedo un préstamo y guardo un tesoro.

El brahmán no comprendía las palabras del Buda porque aún no había entendido la verdadera sabiduría en su corazón, y dijo:

—Te ruego, Ave Maravillosa, que me aclares tus palabras.

Entonces, el Loro-Rey respondió:

—Le llevo la comida a mis ancianos padres, que ya no pueden salir a buscarla. De esa forma pago mi deuda cada día. También llevo su sustento a los polluelos, cuyas alas aún no han crecido. Cuando yo sea anciano, ellos cuidarán de mí, de ese modo les concedo el préstamo. Yalmaceno grano para los pájaros débiles o desvalidos que necesitan a alguien más fuerte, practicando con ellos la caridad.

El brahmán estaba completamente conmovido, así que terminó por expresar ese amor que sentía:

—Come todo lo que quieras, Ave Sabia, y deja que tus parientes coman también en mi nombre.

Y le quiso otorgar un millar de acres, pero el Divino Ser sólo aceptó una pequeña porción para poder conseguir el alimento.

Y el Loro regresó con una espiga de arroz y dijo:

—Levantaos, padres, que os voy a llevar a un lugar repleto de comida.

Y les contó la historia de su captura y su liberación.

De Historias y leyendas orientales

El porquerizo

Había una vez un príncipe pobre. Poseía un reino muy pequeño, pero era suficiente para permitirle contraer matrimonio, así que se decidió a buscar esposa. Sin embargo, parecía muy atrevido por su parte preguntarle a la hija del emperador: «¿Te quieres casar conmigo?». Pero se atrevería a hacerlo, porque su nombre era conocido en todo el país y con seguridad habría cientos de princesas que responderían complacidas: «Sí, gracias». Pero ¿y ella? ¿Qué respondería, ella? Veamos lo que ocurrió.

Sobre la tumba del padre de la princesa crecía un rosal que sólo producía una rosa cada cinco años. ¡Pero qué rosa! Su aroma era tan sublime que todo el que lo olía se olvidaba, de repente, de sus preocupaciones y sus penas. El príncipe tenía también un ruiseñor que entonaba las melodías más hermosas.

Ambas cosas, la rosa y el ruiseñor, eran para obsequiar a la princesa, de modo que las colocó en dos cofrecitos de plata y se los envió. Los presentes llegaron hasta el emperador, que estaba en un gran salón en el que también se encontraba la princesa jugando a «las visitas» con sus damas de honor, que no tenían nada mejor que hacer. Cuando ésta vio los regalos, comenzó a aplaudir y a agitar las manos entusiasmada.

—¡Ojalá sea un gatito! –exclamó, pero lo que halló dentro fue una hermosa rosa.

—¡Qué rosa tan elegante han hecho! –dijeron las damas de la corte.

64. Estos tres cuentos de Hans Christian Andersen han formado, durante mucho tiempo, parte de mi repertorio, y por eso se me ha pedido que los incluya. Ofrezco aquí mi traducción libre del danés.

—Es mucho más que elegante –añadió el emperador–. ¡Es primorosa!

—Pero papá –dijo ella–, no la han hecho, es una rosa natural.

—Veamos lo que contiene el otro cofrecillo antes de que perdamos los nervios –propuso el emperador. En su interior apareció el pequeño ruiseñor cantando tan dulcemente que nadie pudo pensar nada en su contra.

—*Superbe, superbe* –exclamaban las damas de la corte porque casi todas hablaban francés.

—¡Cómo me recuerda este pájaro a la caja de música de la difunta emperatriz! –repuso una de las damas de honor–. ¡El mismo tono, la misma ejecución…!

—Exactamente igual –suspiró el emperador, y comenzó a llorar como un niño pequeño.

—Espero que no sea un pájaro de verdad –intervino la princesa.

—¡Sí que lo es! –dijeron los que lo habían llevado.

—Entonces, dejadle libre –ordenó, y no permitió que el príncipe fuese a verla.

Pero él no iba a perder las esperanzas. Se untó la cara de negro y marrón, se puso una gorra y llamó a las puertas de palacio. El emperador abrió la puerta.

—Buenos días, emperador –dijo–. ¿Hay algún trabajo para mí aquí en palacio?

—Bueno, hay muchos puestos vacantes –respondió el emperador–, pero déjame ver… necesito un porquerizo porque tengo muchos cerdos que cuidar.

Así que el príncipe fue nombrado porquerizo real. Vivía en una habitación pequeña y miserable al lado de las pocilgas, pero se pasaba el día trabajando. Por la noche ya había realizado una graciosa ollita de barro alrededor de la cual había dispuesto unas campanillas, de manera que cuando los guisos comenzaran a hervir, sonaran con dulzura las campanillas y tocaran una vieja melodía:

«¡Querido Agustín,
todo está perdido, perdido, perdido!».

Pero lo más maravilloso era que, si se ponía la mano sobre el vapor de la olla, de inmediato se podía saber lo que se estaba cocinando en cada hogar de la ciudad. Era algo muy distinto a una rosa.

La princesa estaba dando un paseo con sus damas de honor cuando, de repente, oyó la melodía. Se detuvo y miró cautivada porque ella también sabía tocar esa canción; de hecho, era la única que conocía y la tocaba con un dedo.

—Ésa es la canción que yo sé tocar –exclamó sorprendida–. Ese porquerizo debe ser muy culto. Id y preguntadle cuánto cuesta su instrumento.

Así que una de las damas tuvo que bajar a su cobertizo, no sin antes ponerse unos zuecos.

—¿Cuánto quieres por ese instrumento? –preguntó la dama de honor.

—Quiero diez besos de la princesa –contestó el porquerizo.

—¡Qué gracioso! –exclamó la dama.

—No me conformaré con menos –insistió el porquerizo.

—Bueno, ¿qué te ha dicho? –quiso saber la princesa.

—No te lo puedo decir –respondió la dama–. Es realmente horrible.

—Entonces, dímelo al oído –dijo la princesa, y así lo hizo la dama de honor.

—¡Vaya grosería! –exclamó la princesa y se marchó.

Pero no había caminado muchos pasos cuando volvió a sonar la dulce música:

«¡Querido Agustín
todo está perdido, perdido, perdido!».

—Escucha –se le ocurrió a la princesa–, pregúntale si acepta los besos de mis damas de honor.

—No, gracias –fue la respuesta del porquerizo–. Si la princesa no me da diez besos, me quedaré con la olla.

—¡Qué pesado! –comentó la princesa a sus damas–. Lo haré, pero tenéis que rodearme para que nadie me vea.

Así que las damas de honor se colocaron alrededor de la princesa, cubriéndola con sus ropas, el porquerizo obtuvo los besos y la princesa se quedó con la olla.

Estaba entusiasmada. Esa noche y todo el día siguiente puso a hervir la olla, y pudo saber lo que cocinaban todos en la ciudad, desde el chambelán hasta el zapatero. Las damas de honor bailaban entusiasmadas.

—Sabemos quién va a tomar sopa y tortitas o quién está preparando gachas de avena y chuletas. ¡Qué interesante!

—Sí, sí, muy interesante –opinó la primera dama de honor.

—Sí, pero no se lo digáis a nadie, porque soy la hija del emperador.

—No lo haremos –respondieron todas al unísono.

El porquerizo, o el príncipe, porque nadie sabía que no se trataba de un príncipe de verdad, no perdía su tiempo, e hizo un sonajero con el que se podían tocar todos los valses, las polcas y los minués que se conocían desde la creación del mundo.

—¡Eso es *superbe*! –exclamó la princesa, que pasaba por allí–. Es la primera vez que oigo una melodía tan hermosa. Pregúntale cuánto vale ese nuevo instrumento, pero dile que no le daré más besos.

—Insiste en que vale un centenar de besos de la princesa –informó la dama de honor que había bajado a preguntar.

—¡Pero este hombre está loco! –concluyó la princesa y se marchó.

No había dado tres pasos cuando se detuvo y dijo:

—Uno debe apoyar siempre las artes y yo soy la hija del emperador. Dile que le daré diez besos, como la otra vez, y que los restantes se los darán mis damas de honor.

—No, nosotras no estamos de acuerdo –interrumpieron las damas.

—No digas tonterías –contestó la princesa–. Si yo he podido besarle, vosotras también podréis. Id ahora mismo. ¿Acaso no soy yo la que os paga la comida y los salarios?

Así que las damas de honor estaban obligadas a bajar de nuevo al cobertizo.

—Sólo aceptaré cien besos de la princesa.

—Colocaos a mi alrededor –dijo ella, y todas las damas rodearon a la princesa y el porquerizo comenzó a besarla.

—¿Qué hace toda esa gente allí abajo en la pocilga? –preguntó el emperador, asomándose al balcón.

Se frotó los ojos y se puso las gafas. «Son las damas de la corte haciendo alguno de sus juegos; bajaré para ver qué ocurre». Se puso las zapatillas y se dirigió hacia el cobertizo.

¡Cómo corría! Cuando llegó al jardín, comenzó a caminar con mucho sigilo. Las damas de honor estaban demasiado ocupadas contando los besos para que no se diese ni uno de más, de modo que nadie se percató de la presencia del emperador, que llegó de puntillas.

—¿Qué es todo esto? –preguntó el emperador. Cuando vio lo que estaba pasando, comenzó a pegar a todos con la zapatilla, justo cuando el porquerizo iba a obtener el beso número ochenta y seis.

El emperador estaba furioso, fuera de sí, y tanto el porquerizo como la princesa fueron expulsados del reino.

La princesa lloraba desconsolada, el porquerizo refunfuñaba y ríos de lluvia corrían por el suelo.

—¡Oh, qué mala soy! –se lamentaba la princesa–. Si por lo menos hubiese aceptado al apuesto príncipe... ¡Qué desgraciada soy!

Entonces, el porquerizo se escondió detrás de un árbol, se lavó la cara y se quitó las andrajosas ropas, apareciendo con su indumentaria real, tan apuesto y guapo que la princesa quedó maravillada.

—He aprendido a despreciarte –le dijo el príncipe–. Rechazaste a un príncipe honorable, no supiste apreciar ni la rosa ni el ruiseñor, pero por un juguete musical fuiste capaz de besar a un porquerizo. Ahora tienes tu merecido.

Y, diciendo esto, se marchó a su reino, echó el cerrojo de la puerta de su palacio y ella se quedó fuera cantando con tristeza:

«¡Querido Agustín
todo está perdido, perdido, perdido!».

El ruiseñor

Debéis saber que, en China, el emperador es chino, y todos los que lo rodean también son chinos. Hace muchos, muchos años que ocurrió esta historia, y por esa razón debéis escucharla antes de que se me olvide.

El palacio del emperador era el más hermoso del mundo, construido con una porcelana fina y muy cara, pero tan frágil que no se podía tocar, de manera que había que tener siempre mucho cuidado. Las flores más maravillosas se encontraban en su jardín y, de las más bellas, pendían unas diminutas campanillas para que se fijasen en ellas todos los que pasaran por allí. ¡Qué bien ordenado estaba todo en el jardín del emperador! Era tan grande que ni el propio jardinero sabía hasta dónde llegaba. Si se caminaba en una dirección, se llegaba a un bosque precioso, lleno de árboles y lagos. El bosque descendía hasta el mar, que era de color azul turquesa; hasta los grandes barcos podían pasar bajo sus ramas. Y fue en ese lugar en el que un pequeño ruiseñor construyó su casa. Su canto era tan maravilloso que un pescador, aunque estuviera muy ocupado, se sentaba a escucharlo cuando salía de noche a lanzar sus redes.

—¡Qué hermoso! –exclamaba, pero entonces se veía obligado a pensar en sus propios asuntos y olvidaba al ruiseñor.

Al día siguiente, cuando cantaba de nuevo, el pescador volvía a exclamar:

—¡Qué bello!

Viajeros de todos los países del mundo llegaban a la ciudad del emperador y manifestaban su admiración por el palacio y el jardín, pero cuando escuchaban al ruiseñor, todos concluían:

—¡Esto es lo mejor de todo!

Cuando los viajeros regresaban a casa, contaban lo que habían visto. Muchos sabios escribieron libros sobre la ciudad, el palacio y el jardín, y ninguno de ellos olvidó al ruiseñor; siempre se referían a él como lo más maravilloso de todo. Y aquellos que poseían el don de la poesía escribían los poemas más delicados acerca del ruiseñor y el bosque a la orilla del mar.

Los libros viajaron por todo el mundo y, con el paso del tiempo, algunos de ellos llegaron a manos del emperador. Éste se sentaba en su silla de oro y leía, leía y leía, asintiendo a cada palabra; disfrutaba leyendo las hermosas descripciones de la ciudad, del palacio y del jardín.

«Sin embargo, el ruiseñor es lo mejor de todo», leyó.

—¿Pero esto qué es? –exclamó el emperador–. ¿El ruiseñor? No he oído hablar nunca del ruiseñor. Y pensar que había un pájaro así en mi reino, más aún, en mi jardín, y yo no lo sabía. ¡Y pensar que me tenga que enterar de esto por un libro!

Entonces convocó a su chambelán, que era un personaje de rango tan superior que si un inferior se atrevía a preguntarle algo o a decirle algo, él simplemente respondía: «P», que en realidad no significaba nada.

—Dicen que hay un pájaro maravilloso que se llama ruiseñor –repuso el emperador–. Se dice que es lo mejor de todo mi reino. ¿Por qué no se me ha informado?

—No he oído nunca hablar de eso –respondió el chambelán–. Debe ser porque nunca lo han presentado en la corte.

—¡Me complacería infinitamente que apareciese esta noche y cantase para mí! –comentó el emperador–. Todo el mundo conoce lo que poseo menos yo.

—Yo nunca he oído hablar de él –contestó el chambelán–. Iré a buscarlo y lo traeré.

Pero ¿dónde encontrarlo? El chambelán subió y bajó todas las escaleras, atravesó todos los pasillos y pasadizos, pero nadie había oído hablar del ruiseñor; así que se dirigió hacia donde estaba el emperador y le dijo que seguramente sería un cuento inventado por los que escritores de libros.

—Su majestad no debe creer todo lo que aparece en los libros. Es pura invención, una cosa que llaman magia negra.

—Pero –objetó el emperador–, el libro en el que lo he leído me lo envió su majestad el emperador de Japón, por tanto, no puede ser mentira. Escucharé al ruiseñor ¡tiene que aparecer esta noche! Si no es así, no dudaré en castigar a toda la corte.

«¡Tsing-pe!», pensó el chambelán, y volvió a recorrer todas las estancias, escaleras y pasadizos, y la mitad de la corte corría con él, porque nadie quería ser castigado. Hicieron muchas preguntas acerca del ruiseñor, de quien todos habían oído hablar, excepto los que vivían en la corte.

Al final, encontraron a una niña en la cocina que les dijo:

—¡Sí, el ruiseñor, yo lo conozco! ¡Cómo canta! Todas las noches recojo las sobras de la mesa para llevárselas a mi madre, que vive a la orilla del mar y, cuando vengo de vuelta y estoy cansada, descanso un poco en el bosque y entonces escucho al ruiseñor y mis ojos se llenan de lágrimas. Es como si mi madre me besara.

—Pequeña cocinera –intervino el chambelán–, te concederé un puesto permanente en la cocina de la corte y permiso para ver cenar al emperador si nos conduces hasta el ruiseñor, porque se nos ha ordenado que aparezca en palacio esta noche.

De modo que todos salieron hacia el lugar donde solía cantar el ave. Iban a paso ligero, cuando, de repente, oyeron a una vaca mugir.

—¡Oh! –dijo el paje real–. ¡Eso es! ¡Qué poderoso sonido para una criatura tan pequeña! ¡Yo ya lo había oído antes!

—No, son las vacas mugiendo –respondió la pequeña cocinera–. Todavía queda mucho camino por andar.

Entonces comenzaron a croar las ranas del pantano.

—¡Glorioso! –comentó el portavoz real–. Ahora que lo escucho parecen pequeñas campanas de iglesia.

—No, son ranas –dijo la niña–. Pero ya falta poco.

Entonces el ruiseñor comenzó a cantar.

—¡Ése es! –repuso la cocinera–. ¡Escuchad, escuchad, ahí está!, y señaló hacia un diminuto pájaro gris que estaba posado sobre una rama.

—¡Es increíble! –exclamó el chambelán–. Nunca me lo hubiese imaginado así. ¡Qué poco vistoso! Tal vez haya perdido su color al ver aquí tanta gente distinguida como nosotros.

—¡Pequeño ruiseñor! –lo llamó la niña–. Nuestro gracioso emperador desea que cantes para él.

—Con mucho gusto –respondió el ruiseñor, y cantó, y todos disfrutaron al escucharlo.

—Parecen campanillas de cristal –dijo el chambelán–. Mirad la garganta. ¡Cómo la mueve! ¡Es sorprendente pensar que no lo hayamos oído antes! Será todo un éxito en la corte.

—¿Desea el emperador que cante otra vez? –preguntó el pequeño ruiseñor, que creyó que el emperador estaba allí en persona.

—Mi pequeño y maravilloso ruiseñor –repuso el chambelán–. Tengo el enorme placer de enviarte al festival de la corte que se celebrará esta noche, en el que podrás encandilar a su Majestad Imperial con tus deliciosos gorjeos.

—Pero mi voz suena mejor entre los árboles del bosque –contestó el ruiseñor–. No obstante, accedió con gusto al deseo del emperador.

En el palacio había un gran revuelo por los preparativos. Las paredes y los techos, que eran de porcelana, brillaban a la luz de las lámparas. En los pasillos se colocaron flores maravillosas. Todos corrían arriba y abajo levantando una brisa que hacía sonar las campanillas de las flores y, así, no se podían entender unos a otros. En el centro de una sala enorme estaba sentado el emperador; junto a él se había dispuesto una vara de oro sobre la que debía posarse el ruiseñor. Toda la corte estaba presente. Dejaron que la pequeña cocinera se quedase tras la puerta, ya que ahora poseía el título de Cocinera de la Corte. Todos llevaban sus ropas más elegantes y todos estaban pendientes del pequeño pajarito gris.

Entonces, el ruiseñor comenzó a cantar de forma tan gloriosa que las lágrimas del emperador brotaron de sus ojos y rodaron por sus mejillas, por lo que el ruiseñor cantó todavía con más dulzura. La canción le llegó al corazón y, tan feliz estaba el emperador, que declaró que el ruiseñor también debía portar su banda de oro en el cuello; pero éste se negó a aceptarla porque ya había obtenido su recompensa.

—He visto cómo las lágrimas del emperador rodaban por sus mejillas, y ésa es la mayor de las recompensas. Las lágrimas de un emperador tienen un poder maravilloso. Dios sabe que ya estoy pagado de sobra. Y de nuevo los deleitó con su voz cálida y suave.

—Es la coquetería más primorosa que jamás hemos visto –decían las damas, que estaban sentadas a su alrededor y cogían agua en la boca para gorjear cuando hablaban con alguien creyendo seriamente que eran como el ruiseñor.

Incluso los lacayos y las sirvientas se mostraron encantados, lo cual es sorprendente, porque suelen ser los más difíciles de complacer. Lo cierto es que no cabía la menor duda de que el ruiseñor había tenido un éxito rotundo. Se quedó en la corte, en su propia jaula con libertad para salir dos veces al día y una por la noche. Le acompañaban doce lacayos, cada uno de los cuales sujetaba con suavidad una cinta de seda que estaba atada a la pata del ave, aunque ésta no era una forma de salir muy agradable. Toda la ciudad hablaba del maravilloso pajarillo, hasta tal punto que, cuando dos personas se encontraban, una decía: «ruise-» y la otra respondía: «ñor», y suspiraban. Incluso los hijos de los queseros imitaban al ave, aunque ninguno de ellos era capaz de emitir sola una nota.

Un día llegó un gran paquete para el emperador; estaba escrita la palabra: «Ruiseñor».

«Aquí tenemos un nuevo libro sobre el pájaro maravilloso», pensó el emperador, pero no se trataba de un libro, sino de una pequeña obra de arte que estaba en una caja. Era un ruiseñor artificial cuyo aspecto era exactamente igual que el real, pero estaba cubierto por diamantes, rubíes y zafiros. Cuando se le daba cuerda, cantaba una de las canciones que entonaba el pájaro verdadero, su cola se movía de arriba abajo y el oro y la plata que lo adornaban brillaban. Alrededor del cuello tenía una cinta en la que ponía: «El ruiseñor del emperador de Japón es muy pobre en comparación con el del emperador de China».

—Es encantador –dijeron todos, y concedieron al mensajero que llevó el presente el título de Portador Jefe del Ruiseñor Artificial.

—¡Que canten juntos y veréis qué dúos pueden hacer!

Y tuvieron que cantar juntos, pero la idea no funcionaba, porque el ruiseñor real sólo sabía cantar a su manera y el artificial lo hacía como un mecanismo de relojería.

—Él no tiene la culpa –dijo el director de la banda–, es porque el tempo no es su punto fuerte.

Así que el ruiseñor artificial tuvo que cantar solo. Tuvo el mismo éxito que el verdadero, pero era mucho más vistoso: brillaba como los brazaletes y los broches. Podía cantar la misma canción tres o treinta veces, y nunca se cansaba. La gente habría escuchado el repertorio completo una y otra vez, pero el emperador sugirió que quería que cantase el ruiseñor real. Pero ¿dónde estaba? Nadie se había dado cuenta de que había huido por la ventana de vuelta al bosque.

—¿Qué significa esto? –preguntó el emperador.

Todos los cortesanos maldijeron al ruiseñor y declararon que era la criatura más ingrata de todas las que existían.

—Tenemos al mejor de los dos –dijeron, y el ruiseñor artificial tuvo que cantar.

Ésa era la trigésima cuarta vez que escuchaban la misma canción. No obstante, aún no se la sabían porque era demasiado complicada y el director de la banda elogiaba al portentoso pájaro hasta llegar incluso a declarar que era mejor que el pájaro real, no sólo por su aspecto exterior, con sus maravillosos diamantes, sino también por su interior.

—Comprobarán, damas y caballeros y, sobre todo, su Majestad Imperial, que con el ruiseñor real nunca se podía predecir lo que iba a ocurrir, pero con el artificial todo está fijado de antemano; es como es y así permanece. Uno puede dar cuenta de él; puede abrirlo y contemplar el ingenio humano, ver cómo están dispuestos los cilindros, cómo funcionan y cómo una cosa es el resultado de otra.

—¡Eso es exactamente lo que pensamos! –afirmaron todos, y el director de la banda recibió permiso para exhibir el pájaro ante el pueblo durante el domingo siguiente.

El emperador les dijo que lo oirían cantar. Lo escucharon y quedaron tan maravillados como si se hubiesen emborrachado de té, que, como todos sabéis, es una bebida china, y todos exclamaban y aplaudían y movían sus cabezas. Pero el pobre pescador que había escuchado al ruiseñor verdadero repuso:

—Suena bastante bien, y es muy semejante al de verdad, pero hay algo que no funciona y no sé qué es.

El ruiseñor verdadero fue desterrado del reino.

El pájaro artificial ocupó su lugar en el cojín de seda junto a la cama del emperador. Todos los presentes que recibía, el oro y las piedras preciosas, estaban a su alrededor, y fue honrado con el título de Cantante de Alcoba de su Majestad Imperial en primer grado y al lado izquierdo, porque el emperador creía que ése era el lado principal por ser el que ocupa también el corazón, e incluso el emperador, tenía el corazón a su izquierda.

El director de la banda escribió veinticinco volúmenes acerca del prodigioso ingenio. Eran libros muy profundos y muy extensos, llenos de las palabras más complicadas de la lengua china, y todo el mundo afirmaba que los había leído y los había comprendido porque, de otro modo, se les habría considerado tontos.

Así transcurrió un año entero. El emperador, la corte y los habitantes del pueblo chino conocían cada gorjeo de la canción del pájaro artificial y, precisamente por ello, estaban más complacidos con él. Podían cantarla ellos mismos, y así lo hacían.

Los chicos cantaban en la calle «zi-zi-zi» y «cluck-cluck-cluck», y hasta el emperador lo cantaba. ¡Todo era maravilloso!

Pero una noche, mientras el pájaro cantaba y el emperador lo escuchaba recostado en su cama, se produjo un zumbido en el interior del ave y empezó a rechinar, la maquinaria se volvió loca y la música se detuvo.

El emperador saltó de la cama y llamó al físico de la corte, pero ¿qué podía hacer? Entonces mandaron a buscar al relojero y, tras muchas disquisiciones y exámenes, lo compuso de forma provisional, pero dijo que necesitaba descansar tanto como fuese posible, porque los martillos estaban extremadamente gastados y él no se atrevía a ponerle unos nuevos y garantizar que la música volviese a sonar bien. Era una lástima. Sólo se permitió que el pájaro cantase una vez al año, e incluso eso era peligroso, pero en esas ocasiones el director de la orquesta pronunciaría un breve discurso, lleno de palabras incomprensibles, explicando que el pájaro era tan bueno como siempre, lo cual era cierto.

Transcurrieron cinco años y una gran aflicción se estableció en el país. Toda la gente estaba muy preocupada por el emperador porque estaba muy enfermo y parecía que no iba a ser capaz de sobrevivir. Ya se había elegido a un emperador nuevo y la gente esperaba y preguntaba por las calles al ayudante de cámara acerca de la salud del emperador.

—¡P! –decía, y movía la cabeza.

El emperador yacía pálido y frío en su magnífica cama. Toda la corte creyó que estaba muerto y se apresuró a rendir homenaje al nuevo emperador. Los lacayos corrían discutiendo sus asuntos y las sirvientas preparaban una gran recepción. Se habían puesto mantas en todas las habitaciones y los pasillos para que no se oyera ningún paso y todo estuviese en silencio. Pero el emperador no había muerto aún. Estaba rígido y pálido en su fabuloso lecho, que tenía unas enormes cortinas de terciopelo con borlas de oro; en lo alto, había una pequeña ventana abierta por la que entraba el reflejo de la luna para iluminar al emperador y al pájaro artificial. El pobre emperador apenas podía respirar; parecía como si tuviese a alguien sentado encima. Abrió los ojos y vio que quien le oprimía el pecho era la muerte, que llevaba su corona de oro, su espada y un estandarte. Y en los pliegues de las cortinas aparecían extraños rostros que lo miraban fijamente; algunos eran terribles; otros, tiernos y amables. Se trataba de las buenas y las malas acciones del emperador que lo contemplaban, ahora que tenía la muerte dentro del corazón.

—¿Recuerdas esto? –susurraba una–. ¿Recuerdas aquello? –preguntaba otra. Se lo decían con tanta insistencia que el emperador empezó a sudar.

—¡No sé de qué me habláis! ¡Música! ¡Música! –gritaba–. ¡Tocad los tambores para que no oiga lo que dicen!

Pero continuaron, y la muerte asentía con su cabeza a todo lo que decían.

—¡Música, música! ¡Pájaro dorado, canta para mí! Te he dado oro y valiosos tesoros. ¡Canta para mí! ¡Canta para mí!

Pero el pájaro permanecía en silencio; nadie le había dado cuerda y no podía cantar.

La muerte continuaba mirando al emperador con sus grandes y profundos ojos.

Entonces, de repente, llegó desde la ventana el sonido de una hermosa canción. Era el pequeño ruiseñor, que se había posado en una rama del jardín. Había oído la llamada del emperador y había volado hasta el palacio para llevarle serenidad y esperanza y, al cantar, los rostros se iban desvaneciendo y la sangre comenzaba a fluir por las venas del emperador. Incluso la muerte, que estaba escuchando, afirmó:

—Sigue, ruiseñor, sigue.

—Si me dieses la espléndida espada; si me dieses el estandarte imperial; si me dieses la corona del emperador.

Y la muerte devolvió todos esos tesoros a cambio de una canción. Entonó una canción sobre un campo en el que crecían rosas blancas, en el que florecían flores antiguas y en el que la hierba se mantenía húmeda por las lágrimas de los que se quedaban atrás, y la muerte sintió un deseo tan grande de visitar ese jardín que voló por la ventana como una nube helada.

—Gracias, gracias –dijo el emperador–. Ave celestial, ¡yo te conozco bien! Te desterré de mi reino y tú has ahuyentado a los espíritus que me atormentaban y has expulsado a la muerte de mi corazón. ¿Cómo puedo recompensarte?

—Ya me has recompensado –repuso el pequeño ruiseñor–. La primera vez que canté para ti lloraste y eso nunca lo podré olvidar. Ésas son las joyas que llegan al corazón del cantante; ahora duerme para que te levantes sano y fuerte. Yo cantaré para ti.

Entonces volvió a cantar y el emperador durmió profundamente.

Cuando se despertó a la mañana siguiente, el sol brillaba sobre él a través de la ventana. Los sirvientes no habían vuelto a entrar en su habitación porque creían que estaba muerto, pero el ruiseñor continuaba cantando.

—Quédate conmigo para siempre –le pidió el emperador–. Cantarás sólo cuando tú quieras y romperé en mil pedazos el ruiseñor artificial.

—No hagas eso –respondió el ruiseñor–. Él lo ha hecho lo mejor que ha podido. Yo no puedo construir mi nido en un palacio, pero permíteme que venga cuando quiera. Me posaré en la rama que hay junto a la ventana y cantaré para ti canciones que hagan que te alegres y puedas meditar. Te cantaré sobre el jubiloso pueblo y también sobre los que sufren; te cantaré sobre el bien y sobre el mal. Volaré de acá para allá, desde el pescador hasta la cabaña del campesino, visitaré a todos los que viven lejos de la corte. Prefiero tu corazón a tu corona. Volveré y cantaré para ti, pero debes prometerme una cosa.

—Lo que quieras –dijo el emperador poniéndose su atuendo imperial y portando la pesada espada de oro.

—Te ruego que no le digas a nadie que hay un pajarito que te lo cuenta todo. Será mucho mejor.

Entonces el ruiseñor se marchó volando.

Cuando los sirvientes fueron a ver a su difunto emperador se lo encontraron en pie, con muy buen aspecto, y éste los recibió diciendo:

—¡Buenos días!

La princesa y el guisante

Érase una vez un príncipe que quería casarse, pero con una princesa auténtica, de las de verdad. Viajó por todo el mundo en busca de esposa, pero siempre salía algo mal. Había muchas princesas, pero nunca estaba seguro de que fuesen princesas de verdad, porque luego acababa encontrando algo que le hacía sospechar. De modo que regresó de nuevo a casa, decepcionado, pues su deseo de encontrar una esposa era muy grande.

Una noche se desencadenó una fuerte tormenta, con truenos, rayos y una lluvia torrencial; era una noche espantosa. En medio de la tormenta, alguien llamó a las puertas de la ciudad y el propio rey bajó a abrir. Fuera, encontró a una princesa, pero ¡en qué lamentable estado se hallaba a causa de la lluvia y la tormenta! El agua le caía por el cabello y la ropa, se introducía en sus zapatos y salía por los talones. A pesar de su penoso aspecto, afirmaba que era una princesa.

«Pronto descubriremos si dices la verdad», pensó la reina sin decirle nada a la joven.

Entró en el dormitorio, quitó las sábanas y las mantas y colocó un diminuto guisante sobre el somier de la cama. A continuación, puso veinte colchones sobre el guisante y veinte edredones sobre los colchones y le indicó a la princesa que debía dormir encima.

Por la mañana, se dirigió a ella y le preguntó qué tal había dormido.

—¡Oh, muy mal! –respondió la princesa–. Apenas he podido pegar ojo en toda la noche. ¡No sé qué había en esa cama! Notaba algo duro debajo de los colchones que me ha dejado todo el cuerpo dolorido. Ha sido un tormento.

Fue entonces cuando supieron que se trataba de una princesa auténtica, porque había notado el guisante que había debajo de los veinte colchones y los veinte edredones, y nadie, salvo una princesa, podía ser tan sensible.

Así que el príncipe se casó con ella, con la absoluta seguridad de que había encontrado a la princesa que buscaba, y el guisante fue enviado al Museo de Arte, donde aún permanece expuesto, si es que nadie se lo ha llevado.

Y lo mejor de esta historia es que ¡es completamente real!

ÍNDICE

SEGUNDA PARTE